Morgen, Kinder, wird's was geben

Die schönsten Gedichte, Lieder und Geschichten zur Weihnachtszeit

© 2011 SchneiderBuch
verlegt durch EGMONT Verlagsgesellschaften mbH,
Gertrudenstraße 30–36, 50667 Köln
Alle Rechte vorbehalten
Herausgeberin: Susanne George
Titelbild: Marina Rachner
Umschlaggestaltung: Wolfgang Schütte
Satz: Hans Winkens, Wegberg
Druck/Bindung: GGP Media GmbH, Pößneck
ISBN 978-3-505-12939-1

11/87654321

Inhalt

Weihnachten ist nicht mehr weit ...

Gedichte zur Adventszeit

Advent, Advent,
ein Lichtlein brennt!
Erst eins, dann zwei, dann drei, dann vier,
dann steht das Christkind vor der Tür!

Es ist Advent!

Die Blumen sind verblüht im Tal,
Die Vöglein heimgezogen;
Der Himmel schwebt so grau und fahl,
Es brausen kalt die Wogen.
Und doch nicht Leid im Herzen brennt:
Es ist Advent!

Es zieht ein Hoffen durch die Welt,
Ein starkes, frohes Hoffen;
Das schließet auf der Armen Zelt
Und macht Paläste offen;
Das kleinste Kind die Ursach' kennt:
Es ist Advent!

Advent, Advent, du Lerchensang
Von Weihnachtsfrühlingstunde!
Advent, Advent, du Glockenklang
Vom neuem Gnadenbunde!
Du Morgenstrahl von Gott gesendt!
Es ist Advent.

Friedrich Wilhelm Kritzinger

Verse zum Advent

Noch ist Herbst nicht ganz entflohn,
Aber als Knecht Ruprecht schon
Kommt der Winter hergeschritten,
Und alsbald aus Schnees Mitten
Klingt des Schlittenglöckleins Ton.

Und was jüngst noch, fern und nah,
Bunt auf uns herniedersah,
Weiß sind Türme, Dächer, Zweige,
Und das Jahr geht auf die Neige,
Und das schönste Fest ist da.

Tag du der Geburt des Herrn,
Heute bist du uns noch fern,
Aber Tannen, Engel, Fahnen
Lassen uns den Tag schon ahnen,
Und wir sehen schon den Stern.

Theodor Fontane

Vorfreude auf Weihnachten

Ein Kind – von einem Schiefertafel-Schwämmchen
Umhüpft – rennt froh durch mein Gemüt.

Bald ist Weihnacht! – Wenn der Christbaum
   blüht,
Dann blüht er Flämmchen.
Und Flämmchen heizen. Und die Wärme stimmt
Uns mild. – Es werden Lieder, Düfte fächeln. –

Wer nicht mehr Flämmchen hat, wem nur noch
   Fünkchen glimmt,
Wird dann doch gütig lächeln.

Wenn wir im Traume eines ewigen Traumes
Alle unfeindlich sind – einmal im Jahr! –
Uns alle Kinder fühlen eines Baumes.

Wie es sein soll, wie's allen einmal war.

Joachim Ringelnatz

Advent

Es treibt der Wind im Winterwalde
die Flockenherde wie ein Hirt,
und manche Tanne ahnt, wie balde
sie fromm und lichterheilig wird;
und lauscht hinaus. Den weißen Wegen
streckt sie die Zweige hin – bereit,
und wehrt dem Wind und wächst entgegen
der einen Nacht der Herrlichkeit.

Rainer Maria Rilke

Vor Weihnachten

Die Kindlein sitzen im Zimmer
– Weihnachten ist nicht mehr weit –
bei traulichem Lampenschimmer
und jubeln: „Es schneit, es schneit!"

Das leichte Flockengewimmel,
es schwebt durch die dämmernde Nacht
herunter vom hohen Himmel
vorüber am Fenster so sacht.

Und wo ein Flöckchen im Tanze
den Scheiben vorüberschweift,
da flimmert's in silbernem Glanze,
vom Lichte der Lampe bestreift.

Die Kindlein sehn's mit Frohlocken,
sie drängen ans Fenster sich dicht,
sie verfolgen die silbernen Flocken,
die Mutter lächelt und spricht:

„Wisst, Kinder, die Engelein schneidern
im Himmel jetzt früh und spät;
an Puppenbettchen und Kleidern
wird auf Weihnachten genäht.

Da fällt von Säckchen und Röckchen
manch silberner Flitter beiseit,
von Bettchen manch Federflöckchen;
auf Erden sagt man: es schneit.

Und seid ihr lieb und vernünftig,
ist manches für euch auch bestellt;
wer weiß, was Schönes euch künftig
vom Tische der Engelein fällt!"

Die Mutter spricht's – vor Entzücken
den Kleinen das Herz da lacht;
sie träumen mit seligen Blicken
hinaus in die zaubrische Nacht.

Karl Gerok

Vorweihnacht

Bald ist Weihnacht, wie freu ich mich drauf,
da putzt uns die Mutter ein Bäumlein schön auf.
Es glänzen die Äpfel, es funkeln die Stern',
wie hab'n wir doch alle das Weihnachtsfest gern.

Volksgut

Von drauß' vom Walde komm ich her ...

Gedichte zum Nikolaus und Knecht Ruprecht

Nikolaus, sei unser Gast,
wenn du was im Sacke hast.
Hast du was, so lass dich nieder,
hast du nichts, so pack dich wieder!

Knecht Ruprecht

Von drauß' vom Walde komm ich her;
Ich muss euch sagen, es weihnachtet sehr!
Allüberall auf den Tannenspitzen
Sah ich goldene Lichtlein sitzen.
Und droben aus dem Himmelstor
Sah mit großen Augen das Christkind hervor.
Und wie ich so strolcht' durch den dichten Tann,
Da rief's mich mit heller Stimme an:
„Knecht Ruprecht", rief es, „alter Gesell,
Hebe die Beine und spute dich schnell!
Die Kerzen fangen zu brennen an,
Das Himmelstor ist aufgetan,
Alt' und Junge sollen nun
Von der Jagd des Lebens einmal ruhn;
Und morgen flieg ich hinab zur Erden,
Denn es soll wieder Weihnachten werden!"
Ich sprach: „O lieber Herre Christ,
Meine Reise fast zu Ende ist;
Ich soll nur noch in diese Stadt,
Wo's eitel brave Kinder hat."
„Hast denn das Säcklein auch bei dir?"
Ich sprach: „Das Säcklein, das ist hier;
Denn Äpfel, Nuss und Mandelkern
Fressen fromme Kinder gern!"

„Hast denn die Rute auch bei dir?"
Ich sprach: „Die Rute, die ist hier!
Doch für die Kinder nur, die schlechten,
Die trifft sie auf den Teil, den rechten!"
Christkindlein sprach: „So ist es recht,
So geh mit Gott, mein treuer Knecht!"
Von drauß' vom Walde komm ich her;
Ich muss euch sagen, es weihnachtet sehr!
Nun sprecht, wie ich's hierinnen find?
Sind's gute Kind', sind's böse Kind?

Theodor Storm

Nikolaus, du guter Mann

Nikolaus, du guter Mann,
hast einen schönen Mantel an.
Die Knöpfe sind so blank geputzt,
dein weißer Bart ist gut gestutzt,
die Stiefel sind so spiegelblank,
die Zipfelmütze fein und lang.
Du kamst den weiten Weg von fern,
und deine Hände geben gern.
Du weißt, wie alle Kinder sind:
Ich glaub, ich war ein braves Kind.
Sonst wärst du ja nicht hier
Und kämest nicht zu mir.
Du musst dich sicher plagen,
den schweren Sack zu tragen.
Drum, lieber Nikolaus,
pack ihn doch einfach aus.

Volksgut

Knecht Ruprecht

Draußen weht es bitterkalt,
wer kommt da durch den Winterwald?
Stipp – stapp, stipp – stapp und huckepack –
Knecht Ruprecht ist's mit seinem Sack.
Was ist denn in dem Sack drin?
Äpfel, Mandeln und Rosin'
und schöne Zuckerrosen,
auch Pfeffernüss' fürs gute Kind;
die andern, die nicht artig sind,
die klopft er auf die Hosen.

Martin Boelitz

Herr Nikolas, Herr Nikolas,
bring mir zum sechsten Dezember was!
Ich stell auch Vaters Schuh vors Fenster,
den meinen fand ich viel zu klein.
Gelt, Nikolaus, du tust was 'nein?

Unbekannt

Ich bitte dich, Sankt Niklaus sehr:
In meinem Hause auch einkehr.
Bring Bücher, Kleider und auch Schuh
Und noch viel schöne gute Sachen dazu.
So will ich lernen wohl
Und fromm sein, wie ich soll.
Amen.

Volksgut

Knecht Ruprecht, du trägst huckepack
auf deinem Rücken einen Sack.
Sag, sind darin auch Pfefferkuchen?
Die möchte ich schrecklich gern versuchen!

Volksgut

Niklaus, komm in unser Haus,
schütt dein goldig Säcklein aus,
stell den Esel an den Mist,
dass er Heu und Hafer frisst.

Aus Hessen

21

Der Nikolaus

Es lebte einst, vor vielen Jahren,
ein alter Bischof, Nikolas.
Der war so lieb, der war so gut,
und alle Kinder wussten das.
Ob Frühling, Sommer, Herbst, ob Winter,
er hatte immer was für Kinder
in seinen großen Manteltaschen,
weil kleine Kinder gerne naschen.
Und als sein Namenstag dann war,
da kam die ganze Kinderschar,
um ihre Liebe ihm zu zeigen.
Sie sangen Liedchen, tanzten Reigen
und machten das so jedes Jahr,
solang' er noch am Leben war.
Doch eines Tages musst' auch er
die Straße aller Menschen gehen.
Da blieb er voller Traurigkeit
vor unserem lieben Herrgott stehen
und fing so bitter an zu weinen:
„O Herr, wer denkt jetzt an die Kleinen?"

Da hat der Herrgott nachgedacht
und hat zum Nikolaus gesagt:
„Es sei! Du darfst noch jedes Jahr
einmal zu deiner Kinderschar,
um böse Kinder zu belehren,
die guten aber zu bescheren!"
So kommt noch heut' einmal im Jahr,
genauso, wie es damals war,
zu jedem Kind, von Haus zu Haus,
der gute, alte Nikolaus …

Artur Liessmann

23

Sankt Niklas' Auszug

St. Niklas zieht den Schlafrock aus,
klopft seine lange Pfeife aus
und sagt zur heiligen Kathrein:
„Öl mir die Wasserstiefel ein,
bitte, hol auch den Knotenstock
vom Boden und den Fuchspelzrock;
die Mütze lege obenauf,
und schütt dem Esel tüchtig auf,
halt auch sein Sattelzeug bereit!
Wir reisen, es ist Weihnachtszeit.
Und dass ich's nicht vergess', ein Loch
ist vorn im Sack, das stopfe noch!
Ich geh derweil zu Gottes Sohn
und hol mir meine Instruktion."

Die heil'ge Käthe, sanft und still,
tut alles, was St. Niklas will.
Der klopft indes beim Herrgott an;
St. Peter hat ihm aufgetan
und sagt: „Grüß Gott! Wie schaut's denn aus?"
und führt ihn ins himmlische Werkstättenhaus.

Da sitzen die Englein an langen Tischen,
ab und zu Feen dazwischen,
die den kleinsten zeigen, wie's zu machen,
und weben und kleben die niedlichsten Sachen,
hämmern und häkeln, schnitzen und schneidern,
fälteln die Stoffe zu niedlichen Kleidern,
packen die Schachteln, binden sie zu
und haben so glühende Bäckchen wie du!

Herr Jesus sitzt an seinem Pult
und schreibt mit Liebe und Geduld
eine lange Liste. Potz Element,
wie viel artige Kinder Herr Jesus kennt!
Die sollen die schönen Engelsgaben
zu Weihnachten haben.

Was fertig ist, wird eingepackt
und auf das Eselchen gepackt.
St. Niklas zieht sich recht warm an –
Kinder, er ist ein alter Mann,
und es fängt tüchtig an zu schnei'n,
da muss er schon vorsichtig sein!

So geht es durch die Wälder im Schritt,
manch Tannenbäumchen nimmt er mit,
und wo er wandert, bleibt im Schnee
manch Futterkörnchen für Hase und Reh.
Leise macht er die Türen auf,
jubelnd umdrängt ihn der kleine Hauf':
„St. Niklas, St. Niklas,
was hast du gebracht?
Was haben die Englein
für uns gemacht?"

„Schön Ding! Gut Ding! Aus dem himmlischen
     Haus!
Langt in den Sack! Holt euch was raus."

Paula Dehmel

Heiliger Nikolaus, leg mir 'nein
Äpfel, Birnen, Nüsselein,
Strümpf und Schuhe muss ich haben,
kann ich im Winter Schlitten fahren.

Volkstümlich

Lieber, lieber Nikolaus zart,
haben schon lange auf dich gewart'.
Will auf Vater und Mutter hören,
musst mir nur was Gutes bescheren.

Unbekannt

Wer kommt denn da geritten?
Herr Wude Wude Nikolaus,
lass mich nicht lange bitten
und schüttel deinen Beutel aus.

Aus Norddeutschland

Der Esel

Der Esel, der Esel,
wo kommt der Esel her?
Von Wesel, von Wesel,
er will ans schwarze Meer.

Wer hat denn, wer hat denn
den Esel so bepackt?
Knecht Ruprecht, Knecht Ruprecht
mit seinem Klappersack.

Mit Nüssen, mit Äpfeln,
mit Spielzeug allerlei,
und Kuchen, ja Kuchen
aus seiner Bäckerei.

Wo bäckt denn, wo bäckt denn
Knecht Ruprecht seine Speis?
In Island, in Island,
drum ist sein Bart so weiß.

Die Rute, die Rute,
die ist dabei verbrannt;
heut sind die Kinder artig
im ganzen deutschen Land.

Ach Ruprecht, ach Ruprecht,
du lieber Weihnachtsmann,
komm auch zu *mir* mit deinem
Sack heran!

Richard Dehmel

Guter Nikolaus,
kommt in unser Haus,
triffst ein Kindlein an,
das sein Sprüchlein kann
und schön folgen will!
Halte bei uns still,
schütt dein Säcklein aus,
guter Nikolaus!

Unbekannt

Wo die Kinder folgen gern,
da bring ich Nuss und Mandelkern,
Äpfel, Birnen, Hutzeln und Schnitz
für den Hansl und Heiner,
für den Franzl und den Fritz.

Aus Süddeutschland

Ins Fenstereck, im Mondenschein,
stellte ich den Schuh hinein.
Nikolaus, vergiss ihn nicht!
Tu hinein, was mir gebricht:
Nüss' und Äpfel und süßen Kram,
dass ich mich herzlich freuen kann!

Volkstümlich

Lieber, guter Nikolaus,
lösch uns unsre Vieren aus,
mache lauter Einsen draus,
bist ein braver Nikolaus.

Aus Berlin

Der Weihnachtsaufzug

Bald kommt die liebe Weihnachtszeit,
worauf die ganze Welt sich freut;
das Land, so weit man sehen kann,
sein Winterkleid hat angetan.
Schlaf überall; es hat die Nacht
die laute Welt zur Ruh gebracht –
kein Sternenlicht, kein grünes Reis,
der Himmel schwarz, die Erde weiß.

Da blinkt von fern ein heller Schein –
was mag das für ein Schimmer sein?
Weit übers Feld zieht es daher,
als ob's ein Kranz von Lichtern wär',
und näher rückt es hin zur Stadt,
obgleich verschneit ist jeder Pfad.

Ei seht, ei seht! Es kommt heran!
Oh, schauet doch den Aufzug an!
Zu Ross ein wunderlicher Mann
mit langem Bart und spitzem Hute,
in seinen Händen Sack und Rute.
Sein Gaul hat gar ein bunt Geschirr,
von Schellen dran ein blank Gewirr;
am Kopf des Gauls, statt Federzier,
ein Tannenbaum voll Lichter hier;
der Schnee erglänzt in ihrem Schein,
als wär's ein Meer von Edelstein. –

Wer aber hält den Tannenzweig?
Ein Knabe, schön und wonnereich;
's ist nicht ein Kind von unsrer Art,
hat Flügel an dem Rücken zart. –
Das kann fürwahr nichts andres sein,
als wie vom Himmel ein Engelein!
Nun sagt mir, Kinder, was bedeut't
ein solcher Zug in solcher Zeit? –

Was das bedeut't? Ei, seht doch an,
da frag ich grad beim Rechten an!
Ihr schelmischen Gesichterchen,
ich merk's, ihr kennt die Lichterchen,
kennt schon den Mann mit spitzem Hute,
kennt auch den Baum, den Sack, die Rute.

Der alte bärt'ge Ruprecht hier,
er pocht' schon oft an eure Tür;
droht' mit der Rute bösen Buben;
warf Nüss' und Äpfel in die Stuben
für Kinder, die da gut gesinnt. –
Doch kennt ihr auch das Himmelskind?
Oft bracht' es ohne euer Wissen,
wenn ihr noch schlieft in weichen Kissen,
den Weihnachtsbaum zu euch ins Haus,
putzt' wunderherrlich ihn heraus;
Geschenke hing es bunt daran
und steckt' die vielen Lichter an;
flog himmelwärts und schaute wieder
von dort auf euren Jubel nieder.

O Weihnachtszeit, du schöne Zeit,
so überreich an Lust und Freud'!
Hör doch der Kinder Wünsche an
und komme bald, recht bald heran,
und schick uns doch, wir bitten sehr,
mit vollem Sack den Ruprecht her.
Wir fürchten seine Rute nicht,
wir taten allzeit unsre Pflicht.
Drum schick uns auch den Engel gleich
mit seinem Baum, an Gaben reich.
O Weihnachtszeit, du schöne Zeit,
worauf die ganze Welt sich freut!

Robert Reinick

35

Nikolaus, du frommer Mann,
komm mit deinem Schimmel an
und dem schwarzen Piet.
Alles, was man wünschen kann,
Spielzeug, Kuchen, Marzipan,
bring uns bitte mit.
Haben wir nicht recht getan,
so verzeih uns, heil'ger Mann,
Schimmelchen und Piet.

Aus Westfalen

Wie die hellen Lichter
scheinen ...

Gedichte
zum Weihnachtsfest

Ich hör ein Glöckchen klingen,
so lieblich und so fein,
was wird das Christkind bringen,
uns Kindern groß und klein?

Vom Christkind

Denkt euch, ich habe das Christkind gesehen!
Es kam aus dem Walde, das Mützchen voll
    Schnee,

mit rot gefrorenem Näschen.
Die kleinen Hände taten ihm weh,

denn es trug einen Sack, der war gar schwer,
schleppte und polterte hinter ihm her.

Was drin war, möchtet ihr wissen?
Ihre Naseweise, ihr Schelmenpack –

denkt ihr, er wäre offen der Sack?
Zugebunden bis oben hin!

Doch war gewiss etwas Schönes drin!
Es roch so nach Äpfeln und Nüssen!

Anna Ritter

 38

Vor dem Christbaum

Da guck einmal, was gestern Nacht
Christkindlein alles mir gebracht:
ein Räppchen,
ein Wägelein;
ein Käppchen
und ein Krägelein;
ein Tütchen
und ein Rütchen;
ein Büchlein
voller Sprüchlein;
das Tütchen, wenn ich fleißig lern,
ein Rütchen, tät ich es nicht gern,
und nun erst gar den Weihnachtsbaum,
ein schönrer steht im Walde kaum.
Ja, schau nur her und schau nur hin
und schau, wie ich so glücklich bin!

Friedrich Wilhelm Güll

Herein

Das Glöcklein erklingt: Ihr Kinder, herein!
Kommt alle, die Türe ist offen!
Da steh'n sie, geblendet vom goldigen Schein,
von Staunen und Freude betroffen.
Wie schimmert und flimmert von Lichtern der
    Baum!
Die Gaben zu greifen, sie wagen's noch kaum,
sie steh'n wie verzaubert in seligem Traum. –
So nehmt nur mit fröhlichen Händen,
ihr Kleinen, die köstlichen Spenden!

Und mächtig ertönen die Glocken im Chor,
zum Haufe des Herrn uns zu rufen:
Das Fest ist bereitet und offen das Tor,
heran zu den heiligen Stufen!
Und steht ihr geblendet vom himmlischen Licht,
und fasst ihr das Wunder, das göttliche, nicht:
Ergreift, was die ewige Liebe verspricht,
und lasst euch den seligen Glauben,
ihr Kinder des Höchsten, nicht rauben!

Und hat er die Kinder nun glücklich gemacht,
die großen so gut wie die kleinen,
dann wandert der Engel hinaus in die Nacht,
um anderen zum Gruß zu erscheinen.
Am Himmel, da funkeln die Sterne so klar,
auf Erden, da jubelt die fröhliche Schar. –
So tönen die Glocken von Jahr zu Jahr,
so klingt es und hallt es auch heute,
o seliges Weihnachtsgeläute!

Karl Gerok

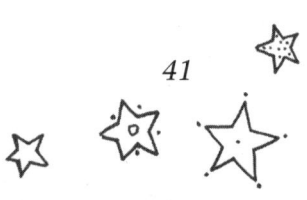

Weihnachtsfest

Der Winter ist gekommen
Und hat hinweggenommen
Der Erde grünes Kleid;
Schnee liegt auf Blütenkeimen,
Kein Blatt ist an den Bäumen,
Erstarrt die Flüsse weit und breit.

Da schallen plötzlich Klänge
Und frohe Festgesänge
Hell durch die Winternacht.
In Hütten und Palästen
Ist rings in grünen Ästen
Ein bunter Frühling aufgewacht.

Wie gern doch seh' ich glänzen
Mit all den reichen Kränzen
Den grünen Weihnachtsbaum,
Dazu der Kindlein Mienen
Von Licht und Lust beschienen!
Wohl schön're Freude gibt es kaum!

Robert Reinick

Weihnachten

Zwar ist das Jahr an Festen reich,
Doch ist kein Fest dem Feste gleich,
Worauf wir Kinder Jahr aus Jahr ein
Stets harren in süßer Lust und Pein.

O schöne, herrliche Weihnachtszeit,
Was bringst du Lust und Fröhlichkeit!
Wenn der heilige Christ in jedem Haus
Teilt seine lieben Gaben aus.

Und ist das Häuschen noch so klein,
So kommt der heilige Christ hinein,
Und Alle sind ihm lieb wie die Seinen,
Die Armen und Reichen, die Großen und Kleinen.

Der heilige Christ an Alle denkt,
Ein Jedes wird von ihm beschenkt.
Drum lasst uns freu'n und dankbar sein!
Er denkt auch unser, mein und dein.

Hoffmann von Fallersleben

Weihnachtsabend

Wie die hellen Lichter scheinen!
Und die Kindlein sind gekommen,
All die Großen, all die Kleinen
Haben ihr Geschenk genommen.

Spielwerk bringt es uns zum Spielen,
Das geliebte Wunderkind.
Spielen mögen wir und fühlen,
Dass wir wieder Kinder sind.

Süße Früchte, fremde Blüten
Trägt es in der zarten Hand,
Wie sie Engel zieh'n und hüten
In dem sel'gen Himmelsland.

Und so hat es tausend Gaben
Allen Menschen mitgebracht,
Alle Herzen zu erlaben
In der hochgelobten Nacht.

Auch Versöhnung, ew'ges Leben,
Trost und Freiheit, Gnadenfüll',
Gottes Wort umsonst gegeben
Jedem, welcher hören will.

Nimmer kann ich euch vergessen,
All ihr schönen Christgeschenke!
Abgrund reich und unermessen,
Drein ich liebend mich verschenke.

Max von Schenkendorf

Christkindchen kam hernieder

Christkindchen kam hernieder
und schmückt den Weihnachtsbaum,
mit Gaben füllt sich wieder
der Tisch bis an den Saum.

Worauf mein Herz sich freute,
was es gewünscht, erdacht,
ich sehe alles heute
in überreicher Pracht.

Die guten Eltern sorgen
so liebevoll und reich,
drum bet ich alle Morgen
zum lieben Gott für euch.

Unbekannt

Weihnachtslied

Vom Himmel in die tiefsten Klüfte
Ein milder Stern herniederlacht;
Es brennt der Baum, ein süß' Gedüfte
Durchschwimmet träumerisch die Lüfte,
Und kerzenhelle wird die Nacht.

Mir ist das Herz so froh erschrocken,
Das ist die liebe Weihnachtszeit!
Ich höre fernher Kirchenglocken
Mich lieblich heimatlich verlocken
In märchenstille Herrlichkeit.

Ein frommer Zauber hält mich wieder,
Anbetend, staunend muss ich stehn;
Es sinkt auf meine Augenlider
Ein goldner Kindertraum hernieder,
Ich fühl's, ein Wunder ist geschehn.

Theodor Storm

Wiederfinden

Es kommt wohl um die Weihnachtszeit
Ein Tannenbäumchen in die Stadt,
Steht auf dem Markt, ganz überschneit
Und von dem Wege müd' und matt.

Und einer kommt und sucht sich's aus –
Dies Bäumchen grade dünkt ihn gut.
Wie er's mit Vorsicht trägt nach Haus,
Wird ihm das Herz so wohlgemut.

Er kennt das Bäumchen schon, doch weiß
Er's nicht; es war an einem Tag,
Als er, nach einer Wand'rung heiß,
Auf stiller Heide ruhend lag.

Da sang ein Vogel ihm sein Lied
Wohl von des Bäumchens Wipfel vor;
Und wie er nun des Weges zieht,
Klingt ihm das Lied, das Lied im Ohr.

Johannes Trojan

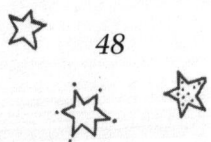

48

Weihnachten

Markt und Straßen steh'n verlassen,
Still erleuchtet jedes Haus,
Sinnend geh' ich durch die Gassen,
Alles sieht so festlich aus.

An den Fenstern haben Frauen
Buntes Spielzeug fromm geschmückt,
Tausend Kindlein steh'n und schauen,
Sind so wunderstill beglückt.

Und ich wandre aus den Mauern
Bis hinaus ins freie Feld,
Hehres Glänzen, heil'ges Schauern!
Wie so weit und still die Welt!

Sterne hoch die Kreise schlingen,
Aus des Schnees Einsamkeit
Steigt's wie wunderbares Singen –
O du gnadenreiche Zeit!

Joseph von Eichendorff

Der Weihnachtsbaum

Steht er da, der Weihnachtsbaum,
Wie ein bunter, goldner Traum,
Spiegelt Unschuldkinderglück,
All sein Paradies zurück.

Und wir schaun und denken dann,
Wie uns heut' das Heil begann,
Wie das Kindlein Jesus Christ
Heut' zur Welt geboren ist;

Wie das Kind von Himmelsart
Lag auf Stroh und Halmen hart,
Wie der Menschheit Hort und Trost
Erdenelend hat erlost.

Also steh'n und schauen wir
Gottes Lust und Gnade hier:
Was uns in dem Kindlein zart
Alles heut' geboren ward.

Blüh denn, leuchte, goldner Baum,
Erdentraum und Himmelstraum,
Blüh und leucht in Ewigkeit
Durch die arme Zeitlichkeit!

Sei uns Bild und sei uns Schein,
Dass wir sollen fröhlich sein,
Fröhlich durch den süßen Christ,
Der des Lebens Leuchte ist.

Sei uns Bild und sei uns Schein,
Dass wir sollen tapfer sein,
Auf des Lebens Pilgerbahn,
Kämpfend gegen Lug und Wahn.

Sei uns Bild und sei uns Schein,
Dass wir sollen heilig sein,
Rein wie Licht und himmelklar,
Wie das Kindlein Jesus war.

Ernst Moritz Arndt

Christbaum

Der Winter ist ein karger Mann,
Er hat von Schnee ein Röcklein an;
Zwei Schuh' von Eis
Sind nicht zu heiß;
Von rauhem Reif eine Mütze
Macht auch nur wenig Hitze.

Er klagt: „Verarmt ist Feld und Flur!"
Den grünen Christbaum hat er nur;
Den trägt er aus
In jedes Haus,
In Hütten und Königshallen:
Den schönsten Strauß von allen!

Friedrich Wilhelm Weber

Der Weihnachtsbaum

Von allen den Bäumen jung und alt,
Von allen den Bäumen groß und klein,
Von allen in unserm ganzen Wald,
Wer mag doch der allerschönste sein?

Der schönste von allen weit und breit,
Das ist doch allein, wer zweifelt dran?
Der Baum, der da grünet allezeit,
Den heute mir bringt der Weihnachtsmann.

Wenn alles schon schläft in stiller Nacht,
Dann holet er ihn bei Sternenschein
Und schlüpft, eh einer sich's gedacht,
Gar heimlich damit ins Haus hinein.

Dann schmückt er mit Lichtern jeden Zweig,
Hängt Kuchen und Nüss' und Äpfel dran:
So macht er uns alle freudenreich,
Der liebe, der gute Weihnachtsmann.

Hoffmann von Fallersleben

Der kleine Nimmersatt

Ich wünsche mir ein Schaukelpferd,
'ne Festung und Soldaten
Und eine Rüstung und ein Schwert,
Wie sie die Ritter hatten.

Drei Märchenbücher wünsch' ich mir
Und Farbe auch zum Malen
Und Bilderbogen und Papier
Und Gold- und Silberschalen.

Ein Domino, ein Lottospiel,
Ein Kasperletheater,
Auch einen neuen Pinselstiel
Vergiss nicht, lieber Vater!

Ein Zelt und sechs Kanonen dann
Und einen neuen Wagen
Und ein Geschirr mit Schellen dran,
Beim Pferdespiel zu tragen.

Ein Perspektiv, ein Zootrop,
'ne magische Laterne,
Ein Brennglas, ein Kaleidoskop –
Dies alles hätt' ich gerne.

Mir fehlt – ihr wisst es sicherlich –
Gar sehr ein neuer Schlitten,
Und auch um Schlittschuh' möchte ich
Noch ganz besonders bitten.

Um weiße Tiere auch von Holz
Und farbige von Pappe,
Um einen Helm mit Federn stolz
Und eine Flechtemappe.

Auch einen großen Tannenbaum,
Dran hundert Lichter glänzen,
Mit Marzipan und Zuckerschaum
Und Schokoladenkränzen.

Doch dünkt dies alles euch zu viel,
Und wollt ihr daraus wählen,
So könnte wohl der Pinselstiel
Und auch die Mappe fehlen.

Als Hänschen so gesprochen hat,
Sieht man die Eltern lachen:
„Was willst du, kleiner Nimmersatt,
Mit all den vielen Sachen?

Wer so viel wünscht" – der Vater spricht's –
„Bekommt auch nicht ein Achtel –
Der kriegt ein ganz klein wenig Nichts
In einer Dreierschachtel."

Heinrich Seidel

Schenken

Schenke groß und klein,
Aber immer gediegen,
Wenn die Bedachten
Die Gaben wiegen,
Sei dein Gewissen rein.

Schenke herzlich und frei.
Schenke dabei
Was in dir wohnt
An Meinung, Geschmack und Humor,
Sodass die eigene Freude zuvor
Dich reichlich belohnt.

Schenke mit Geist ohne List.
Sei eingedenk,
Dass dein Geschenk
Du selber bist.

Joachim Ringelnatz

Der Traum

Ich lag und schlief, da träumte mir
Ein wunderschöner Traum:
Es stand auf unserm Tisch vor mir
Ein hoher Weihnachtsbaum.

Und bunte Lichter ohne Zahl
Die brannten ringsumher,
Die Zweige waren allzumal
Von goldnen Äpfeln schwer.

Und Zuckerpuppen hingen dran:
Das war mal eine Pracht!
Da gab's was ich nur wünschen kann
Und was mir Freude macht.

Und als ich nach dem Baume sah
Und ganz verwundert stand,
Nach einem Apfel griff ich da,
Und alles, alles schwand.

Da wacht' ich auf aus meinem Traum
Und dunkel war's um mich:
Du lieber schöner Weihnachtsbaum,
Sag an, wo find' ich dich?

Da war es just als rief er mir:
„Du darfst nur artig sein,
Dann steh ich wiederum vor dir –
Jetzt aber schlaf nur ein!

Und wenn du folgst und artig bist,
Dann ist erfüllt dein Traum,
Dann bringet dir der heil'ge Christ
Den schönsten Weihnachtsbaum."

Hoffmann von Fallersleben

Zu Weihnachten

Das ist der liebe Weihnachtsbaum.
Ja solch ein Baum!
Der grünt bei Schnee, der glänzt bei Nacht
wie die himmlische Pracht,
trägt alle Jahre seine Last,
Äpfel und Nüsse am selben Ast,
Zuckerwerk obendrein –
so müssten alle Bäume sein!
Nun hat ihn gebracht der Weihnachtsmann,
drei Kinder steh'n und seh'n ihn an.

Das erste spricht:
„Der ist doch Weihnacht das Schönste, nicht?"
Das andre: „Woher an Äpfeln und Nüssen
Gold und Silber wohl kommen müssen?
Ich denk mir, das Christkind fasste sie an,
gleich war Gold oder Silber dran."
Das dritte: „Christkind müsste einmal
den ganzen Wald so putzen im Tal;
dann würde gleich aller Schnee zergeh'n,
und dann – das gäb ein Spazierengeh'n!"

Victor Blüthgen

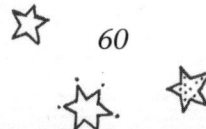

60

Weihnachten

Weißer Flöckchen Schwebefall,
Stille Klarheit überall,
Glockenklang und Schellenklingen,
Mäulchen, die vom Christkind singen,
Flammen, die von grünen Zweigen
Gläubig, strahlend aufwärts steigen,
Und im tiefsten Herzen drinnen
Ein Erinnern, ein Besinnen ...

Neige dich, mein Herz, und bete,
Dass das Christkind zu dir trete,
Auch in deiner Schwachheit Gründen
Eine Flamme zu entzünden,
Die das Ringen deiner Tage
Gläubig strahlend aufwärts trage.

Anna Ritter

Weihnachten

Die eisige Straße mit Schienengeleisen,
Die Häusermasse in steinernen Reih'n,
Der Schnee in Haufen, geisterweißen,
Und der Tag, der blasse, mit kurzem Schein.

Der Kirchtüre Flügel sich stumm bewegen,
Die Menschen wie Schatten zur Türspalte gehn;
Bekreuzen die Brust, kaum dass sie sich regen,
Als grüßen sie jemand, den sie nur sehn.

Ein Kindlein aus Wachs, auf Moos und Watten,
Umgeben von Mutter und Hirten und Stall,
Umgeben vom Kommen und Gehen der Schatten,
Liegt da wie im Mittelpunkte des All.

Und Puppen als Könige, aus goldnen Papieren,
Und Mohren bei Palmen, aus Federn gedreht,
Sie kamen auf kleinen und hölzernen Tieren,
Knien tausend und tausend Jahr im Gebet.

Sie neigen sich vor den brennenden Kerzen;
Als ob im Arm jedem ein Kindlein schlief,
Siehst du sie atmen mit behutsamen Herzen
Und lauschen, ob das Kind sie beim Namen rief.

Max Dauthendey

Vom Baume strahlt der Lichter Schein

Vom Baume strahlt der Lichter Schein
auf schöne Gaben hell herein,
die kommen zur heiligen Weihnacht,
die hat der heil'g Christ gebracht.

Die schenkt er mir durch eure Hand,
von Gott im Himmel mir gesandt,
zum Dank, ihr lieben Eltern mein,
will alle Zeit ich artig sein.

Otto Büchler

Es gibt so wunderweiße Nächte

Es gibt so wunderweiße Nächte,
drin alle Dinge Silber sind.
Da schimmert mancher Stern so lind,
als ob er fromme Hirten brächte
zu einem neuen Jesuskind.

Weit wie mit dichtem Demantstaube
bestreut, erscheinen Flur und Flut,
und in die Herzen, traumgemut,
steigt ein kapellenloser Glaube,
der leise seine Wunder tut.

Rainer Maria Rilke

Christkind

Die Nacht vor dem Heiligen Abend,
da liegen die Kinder im Traum;
sie träumen von schönen Sachen
und von dem Weihnachtsbaum.

Und während sie schlafen und träumen,
wird es am Himmel klar,
und durch den Himmel fliegen
drei Engel wunderbar.

Sie tragen ein holdes Kindlein,
das ist der Heil'ge Christ;
es ist so fromm und freundlich,
wie keins auf Erden ist.

Und wie es durch den Himmel
still über die Häuser fliegt,
schaut es in jedes Bettchen,
wo nur ein Kindlein liegt,

und freut sich über alle,
die fromm und freundlich sind;
denn solche liebt von Herzen
das liebe Himmelskind.

Wird sie auch reich bedenken
mit Lust aufs allerbest'
und wird sie schön beschenken
zum lieben Weihnachtsfest.

Heut schlafen noch die Kinder
und sehn es nur im Traum,
doch morgen tanzen und springen
sie um den Weihnachtsbaum.

Robert Reinick

Der Heilige Abend vor Weihnachten

Das Schneedach fegt des Sturmes Saus,
Die Ofenflammen zittern.
Die Kinder bleiben gern zu Haus',
Und denken nicht an Schlittern;
Denn sieh! der Abend graut
Und Ruprecht kömmt, und baut
Für jedes bald ein Tischgen auf,
Und legt so schöne Sachen drauf.

Im Nebenzimmer kramt er schon
Den Quersack aus, und tuschelt,
Und horch! wie sacht er itzt davon
Entlang die Wände ruschelt!
Nun hebt der Jubel an,
Die Tür wird aufgetan;
Sieh da die Tischgen, weiß gedeckt,
Voll Kerzen, grün und rot gefleckt.

Hinein stürmt Bub' und Mägdlein flugs,
Zu sehn was ihm beschieden:
Vor Allem prangt von grünen Bux
Ein Wäldchen Pyramiden
Mit goldnen Nüssen dran;
Hier nickt ein Sägemann,
Dort grünt ein Busch mit Lämmern drin,
Bewacht von Hund und Schäferin.

Nussknacker stehn mit dickem Kopf
Bey Jud' und Schornsteinfeger.
Hier hängt ein Schrank mit Kell' und Topf,
Dort hetzt den Hirsch der Jäger.
Hier ruft ein Kuckuck, horch!

Und dort spaziert ein Storch.
Mit Äpfeln prangt der Taxusbaum,
Und blinkt von Gold- und Silberschaum.

Zu Pferde paradiert von Blei
Ein Regiment Soldaten.
Ein Sansfacon sitzt frank und frei
Gekrümmt und münzt Dukaten.

Und Alles schmaus't und knarrt;
Trompet' und Fiedel schnarrt.
Fern stehn die Alten, still erfreut,
Und denken an die alte Zeit.

Nun Mutter! Ob dem lieben Brauch
Sei recht vergnügt und keife
Heut Abend nicht, du Vater auch,
Und bräch' auch deine Pfeife
In hundert Stücken heut,
Da Alles jauchzt und schreit,
Und, weil so hell der Wachsstock brennt
Voll Freuden durcheinander rennt.

So geht's bis in die späte Nacht,
Und selbst das Kleinste hätte
Sie ohne Schlummer gern durchwacht;
Doch Mutter ruft: zu Bette!
Und jedes macht zur Ruh
Nur halb die Augen zu,
Und wünscht: O! Wär es Morgen doch!
Und sieht im Traum die Lichter noch.

Friedrich Wilhelm August Schmidt

70

Weihnachtskind

Wie ist's doch heut im Zimmer
so hell, so wunderschön!
Mir ist's, als hätt' ich nimmer
so vielen Glanz gesehn.

Gewiss habt ihr bereitet,
ihr Eltern süß und lieb,
uns all die Lust und Freude
dem Weihnachtskind zulieb.

Ich hörte viel erzählen
von Hirten auf dem Feld,
von Königen, die erwählen
ein Kind zum Herrn der Welt.

Lehr mich die Hände falten,
du holdes Kindlein, du,
dass ich dir möge danken,
den Eltern auch dazu.

Unbekannt

Der Bratapfel

Kinder, kommt und ratet,
Was im Ofen bratet!
Hört, wie's knallt und zischt!
Bald wird er aufgetischt
Der Zipfel, der Zapfel,
Der Kipfel, der Kapfel,
Der gelbrote Apfel.

Kinder, lauft schneller;
Holt einen Teller,
Holt eine Gabel!
Sperrt auf den Schnabel
Für den Zipfel, den Zapfel,
Den Kipfel, den Kapfel,
Den goldbraunen Apfel.

Sie pusten und prusten,
Sie gucken und schlucken,
Sie schnalzen und schmecken,
Sie lecken und schlecken
Den Zipfel, den Zapfel,
Den Kipfel, den Kapfel,
Den knusprigen Apfel.

Emily und Fritz Kögel

Weihnachtsidylle

Aus Rauhreif ragt ein Gartenhaus,
Das schaut so schmuck, so sonnig aus.

An blanken Giebel schmiegt sich hold
Der Wintersonne Abendgold.

Eiszapfen, Scheiben in rotem Glanz,
Die Fenster umrahmt von Waldmooskranz.

Blattgrün, Gelbkrokus, ein rosiger Bube
Lächeln aus frühlingswarmer Stube.

Kanarienvogel schmettert so hell,
Kinderlachen und Hundegebell.

Klein Hansemann und Ami spielen
Wolfsjagd, sie balgen sich auf den Dielen.

Die Mutter ging holen den Weihnachtsmann.
Der klopft an die Türe brummend an.

Und sieh, vermummt, ein bärtiger Greis,
Ein Sack voll Nüsse, ein Tannenreis.

„Seid ihr auch artig?" Stumm nicken die Kleinen
Und reichen die Patschhand; eins möchte weinen.

Da prasseln die Nüsse, das gibt ein Haschen!
Der süße Hagel füllt die Taschen …

Fort ist der Mann. Mit Lampenschein
Tritt nun die liebe Mutter herein.

Gejubel: „Der Weihnachtsmann war da!
O, Nüsse hat er gebracht, Mama!"

Den großen Tisch umringt ein Schwatzen,
Schalenknacken, behaglich Schmatzen.

Die Mutter klatscht in die Hände und zieht
Die Spieluhr auf: „Nun singt ein Lied!"

„Ihr Kinderlein kommet, o kommet doch all,
Zur Krippe her kommet, in Bethlehems Stall!"

Fromm tönt's in die frostige Nacht hinaus.
Ein Stern steht selig über dem Haus.

Bruno Wille

Weihnachten bei den Großeltern

Heut Abend, als wir zu euch gingen,
da war in der Luft ein leises Klingen,
da war ein Rauschen, man wusst' nicht woher,
als ob man in einem Tannenwald wär,
da huschte vorüber und ging nicht aus
ein heimliches Leuchten von Haus zu Haus.
Der Mond kam über die Dächer gesprungen:
„Wohin noch so spät, ihr kleinen Jungen?
Ihr müsst ja zu Bett, was fällt euch ein?"
und lachte uns an mit vollem Schein.
Da lachten wir wieder: „Du alter Klöner,
heut Abend ist alles anders und schöner.
Und glaubst du's nicht, kannst mit uns gehen,
da wirst du ein blaues Wunder sehn."
Da sprang er leuchtend uns voran,
bei diesem Hause hielt er an.
Wir gingen hinein mit froher Begier,
und Klingen und Rauschen und Leuchten ist hier.

Jakob Loewenberg

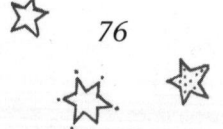

Nussknacker

Nussknacker, du machst ein grimmig Gesicht –
Ich aber, ich fürchte vor dir mich nicht:
Ich weiß, du meinst es gut mit mir,
Drum bring' ich meine Nüsse dir.
Ich weiß, du bist ein Meister im Knacken:
Du kannst mit deinen dicken Backen
Gar hübsch die harten Nüsse packen
Und weißt sie vortrefflich aufzuknacken.
Nussknacker, drum bitt' ich dich, bitt' ich dich,
Hast bessere Zähn' als ich, Zähn' als ich,
O knacke nur, knacke nur immerzu!
Ich will dir zu Ehren
Die Kerne verzehren.
O knacke nur, knack knack knack! immerzu!
Ei, welch ein braver Kerl bist du!

Hoffmann von Fallersleben

Furchtbar schlimm

Vater, Vater, der Weihnachtsmann!
Eben hat er ganz laut geblasen,
viel lauter als der Postwagenmann.
Er ist gleich wieder weitergegangen,
und hat zwei furchtbar lange Nasen,
die waren ganz mit Eis behangen.
Und die eine war wie ein Schornstein,
die andre ganz klein wie'n Fliegenbein,
darauf ritten lauter, lauter Engelein,
die hielten eine großmächtige Leine,
und seine Stiefel waren wie deine.
Und an der Leine, da ging ein Herr,
ja wirklich, Vater, wie'n alter Bär,
und die Engelein machten hottehott;
ich glaube, das war der liebe Gott.
Denn er brummte furchtbar mit dem Mund,
ganz furchtbar schlimm, ja wirklich; und –

„Aber Detta, du schwindelst ja,
das sind ja wieder lauter Lügen!"

Na, was schad't denn das, Papa?
Das macht mir doch so viel Vergnügen.
„So? – Na ja."

Richard Dehmel

Was bringt der Weihnachtsmann?

Was bringt der Weihnachtsmann dem Fränzchen?
Weihnachtsmann!
Eine Puppe mit dem Kränzchen
Bringt der Weihnachtsmann dem Fränzchen.
Weihnachtsmann!

Was bringt der Weihnachtsmann Mathildchen?
Weihnachtsmann!
Ausgeschnitt'ne bunte Bildchen
Bringt der Weihnachtsmann Mathildchen.
Weihnachtsmann!

Was bringt der Weihnachtsmann Johannen?
Weihnachtsmann!
Teller, Schüsseln, Näpf' und Kannen
Bringt der Weihnachtsmann Johannen.
Weihnachtsmann!

Was bringt der Weihnachtsmann Kathrinchen?
Weihnachtsmann!
Seidenhasen und Kaninchen
Bringt der Weihnachtsmann Kathrinchen.
Weihnachtsmann!

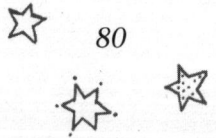

Was bringt der Weihnachtsmann Emilien?
Weihnachtsmann!
Einen Strauß von Rosen und Lilien
Bringt der Weihnachtsmann Emilien.
Weihnachtsmann!

Was bringt der Weihnachtsmann Marien?
Weihnachtsmann!
Arien und Melodien
Bringt der Weihnachtsmann Marien.
Weihnachtsmann!

Was bringt der Weihnachtsmann Agathen?
Weihnachtsmann!
Eine Schachtel voll Dukaten
Bringt der Weihnachtsmann Agathen.
Weihnachtsmann!

Was bringst du Weihnachtsmann denn mir doch?
Weihnachtsmann!
„Überlasse du das mir doch!
Was du wünschest, bringt auch dir noch
Weihnachtsmann!"

Hoffmann von Fallersleben

Christkind

Das einst ein Kind auf Erden war,
Christkindlein kommt noch jedes Jahr.

Kommet vom hohen Sternenzelt,
freut und beglücket alle Welt!

Mit Kindern feiert's froh den Tag,
wo Christkind in der Krippe lag;

Den Christbaum zündet's überall,
weckt Orgelklang und Glockenschall.

Christkindlein kommt zu Arm und Reich,
die Guten sind ihm alle gleich.

Danket ihm denn und grüßt es fein,
auch euch beglückte Christkindlein!

Peter Cornelius

Das Weihnachtsbäumlein

Es war einmal ein Tännelein,
mit braunen Kuchenherzlein,
und Glitzergold und Apflein fein
und vielen bunten Kerzlein:
Das war am Weihnachtsfest so grün,
als fing es eben an zu blühn.

Doch nach nicht gar zu langer Zeit,
da stand's im Garten unten,
und seine ganze Herrlichkeit
war, ach, dahingeschwunden.
Die grünen Nadeln war'n verdorrt,
die Herzlein und die Kerzlein fort.

Bis eines Tags der Gärtner kam,
den fror zu Haus im Dunkeln,
und es in seinen Ofen nahm –
hei! Tat's da sprühn und funkeln!
Und flammte heim- und himmelwärts
in hundert Flämmlein an Gottes Herz.

Christian Morgenstern

Ich hör ein Glöckchen klingen

Ich hör ein Glöckchen klingen,
so lieblich und so fein,
was wird das Christkind bringen,
uns Kindern groß und klein?

Es denkt an alle Leute,
kein Kindlein es vergisst,
es ist so gütig heute,
weil sein Geburtstag ist.

Es bringt uns reiche Gaben,
den Christbaum hat's geschmückt,
wir Mädchen und wir Knaben
sind alle froh beglückt.

Drum lass das Glöcklein klingen,
du liebes Christkindlein,
wir wollen Dank dir singen,
und immer folgsam sein.

Marie Muschka

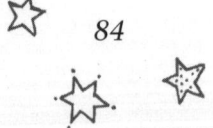

O Weihnachtszeit, o Weihnachtszeit

O Weihnachtszeit, o Weihnachtszeit,
du hast die schönsten Bäume!
Manch Blümlein blüht im Gartenraum,
doch kein's glänzt wie der Weihnachtsbaum.

O Weihnachtszeit, o Weihnachtszeit,
du hast die schönsten Lieder!
Es schallt so frisch, wenn's Vöglein singt,
doch Weihnachtssang noch schöner klingt.

O Weihnachtszeit, o Weihnachtszeit,
du bringst die schönsten Gaben!
Das Christkind kommt ins Herz hinein
mit seinem süßen Freudenschein.

O Weihnachtszeit, o Weihnachtszeit!
Du wirst die schönste bleiben!
Des Himmelreiches sel'ge Freud
Ist nichts als lauter Weihnachtszeit.
O Weihnachtszeit, o Weihnachtszeit!
Du wirst die schönste bleiben!

B. Kritzinger

Weihnachtswunder

Durch den Flockenfall
klingt süßer Glockenschall,
ist in der Winternacht
ein süßer Mund erwacht.

Herz, was zitterst du
den süßen Glocken zu?
Was rührt den tiefen Grund
dir auf der süße Mund?

Was verloren war,
du meintest, immerdar,
das kehrt nun all zurück,
ein selig Kinderglück.

O du Nacht des Herrn
mit deinem Liebesstern,
aus deinem reinen Schoß
ringt sich ein Wunder los.

Gustav Falke

Die schönste Zeit, die liebste Zeit

Die schönste Zeit, die liebste Zeit,
sagt's allen Kindern weit und breit,
damit sich jedes freuen mag:
das ist der liebe Weihnachtstag.

Den hat uns Gott der Herr bestellt,
den herrlichsten in aller Welt,
dass Jung und Alt und Groß und Klein
so recht von Herzen froh soll' sein.

Das beste Kind, das liebste Kind,
so viele rings auf Erden sind,
kommt her und hört, damit ihr's wisst,
das ist der liebe Jesus Christ.

Unbekannt

Christkindchen klopft ans Fenster

Christkindchen klopft ans Fenster
auf seinem Erdengang,
es tönet seine Stimme
so süß wie Harfenklang.

Die lieben Augen leuchten
wie Sterne licht und klar,
gleich goldnen Schleiern flattert
im Wind sein lockig Haar.

Es pocht an alle Türen
Und bittet: „Lasst mich ein
Weihnachten naht jetzt wieder,
ich will mich mit euch freu'n."

Unbekannt

Christkindlein, ich bitte dich:
Denk im Himmel auch an mich!
Teile deine Gaben aus,
bring mir recht viel Glück ins Haus!

Unbekannt

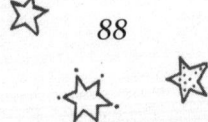

Habt nun Dank für alle Gaben

Habt nun Dank für alle Gaben,
die wir gern genommen haben.
Jeder wünscht uns, wie er soll,
dass sie uns bekommen wohl.

Lebet wohl heut! Übers Jahr,
so Gott will, seht ihr uns zwar,
aber nicht so klein wie heute,
denn aus Kindern werden Leute.

Aus Nassau

Christkind, komm in unser Haus.
Pack die großen Taschen aus.
Stell den Schimmel untern Tisch,
dass er Heu und Hafer frisst.
Heu und Hafer frisst er nicht,
Zuckerbrezeln kriegt er nicht!

Volksgut

Du liebe frohe Weihnachtszeit

Du liebe frohe Weihnachtszeit,
erfüllst das Herz mit Seligkeit,
bist aller Kinder Wonne.
Mit Sehnsucht harreten wir dein,
sollst tausendmal willkommen sein,
du schöne Wintersonne!

Gegrüßet sei der Kerzenglanz
An Tannenbäumchens grünem Kranz
mit Gaben reich behangen!
Er deutet auf den Himmelsschein,
der von dem holden Christkindlein
durch alle Welt gegangen.

Lass, Christkind, diesen Himmelsschein
auch in mein kleines Herz hinein,
erfüll's mit rechter Treue
zu dir, des lieben Gottes Sohn,
dass ich dereinst vor seinem Thron
mich seiner Huld erfreue!

Und euch, ihr Lieben, die ihr heut
mit Gaben mich so hoch erfreut,
dank ich aus Herzensgrunde.
O güt'ger Gott, erhör mein Flehn,
schenk meinen Eltern Wohlergehn
und Freud zu jeder Stunde!

Unbekannt

Die Weihnachtslichter brennen hell

Die Weihnachtslichter brennen hell,
den Eltern bring den Wunsch ich schnell:
Sie wollen, ich soll artig sein,
stets will ich sie damit erfreu'n.

Es freut sich dann das Christkindlein,
beschert mir schöne Sachen ein.
Es lohnt es mir mit güt'gem Sinn,
wenn ich der Eltern Freude bin.

Otto Büchler

Weihnachten

Bäume leuchtend, Bäume blendend,
Überall das Süße spendend,
In dem Glanze sich bewegend,
Alt- und junges Herz erregend –
Solch ein Fest ist uns bescheret,
Mancher Gaben Schmuck verehret;
Staunend schaun wir auf und nieder,
Hin und her und immer wieder.

Aber, Fürst, wenn dirs begegnet,
Und ein Abend so dich segnet,
Dass als Lichter, dass als Flammen
Vor dir glänzten allzusammen
Alles, was du ausgerichtet,
Alle, die sich dir verpflichtet:
Mit erhöhten Geistesblicken
Fühltest herrliches Entzücken.

Johann Wolfgang Goethe

Geschichte eines Pfefferkuchenmannes

Es war einmal ein Pfefferkuchenmann,
von Wuchse, groß und mächtig,
und was seinen innern Wert betraf,
so sagte der Bäcker: „Prächtig"

Auf dieses glänzende Zeugnis hin
erstand ihn der Onkel Heller
und stellte ihn seinem Patenkind,
dem Fritz, auf den Weihnachtsteller.

Doch kaum war mit dem Pfefferkuchenmann
der Fritz ins Gespräch gekommen,
da hatte er schon – aus Höflichkeit –
die Mütze ihm abgenommen.

Als schlafen ging der Pfefferkuchenmann,
da bog er sich krumm vor Schmerze:
an der linken Seite fehlte fast ganz
sein stolzes Rosinenherze!

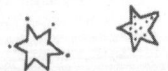

94

Als Fritz tags drauf den Pfefferkuchenmann,
besuchte, ganz früh und alleine,
da fehlten, o Schreck, dem armen Kerl
ein Arm schon und beide Beine!

Und wo einst saß am Pfefferkuchenmann
die mächtige Habichtsnase,
da war ein Loch! Und er weinte still
eine bräunliche Sirupblase.

Von nun an nahm der Pfefferkuchenmann
ein reißendes, schreckliches Ende:
Das letzte Stückchen kam schließlich durch Tausch
in Schwester Margeretchens Hände.

Die kochte als sorgfältige Hausfrau draus
für ihre hungrige Puppe
auf ihrem neuen Spiritusherd
eine kräftige, leckere Suppe.

Und das geschah dem Pfefferkuchenmann,
den einst so viele bewundert
in seiner Schönheit bei Bäcker Schmidt,
im Jahre neunzehnhundert.

Jean Paul

Zu Ende geht das schöne Fest

Zu Ende geht das schöne Fest,
du liebes Christkindlein,
das keinen unbeschenket lässt,
du sollst bedankt jetzt sein.
Wir wollen allzeit dich erfreu'n,
dich lieben immerdar;
und höre, liebes Christkindlein:
Komm wieder übers Jahr!

Unbekannt

Ei du lieber, heil'ger Christ,
komm nur nicht, wenn's finster ist.
Komm im hellen Mondenschein,
wirf mir Nüss und Äpfel rein!

Aus Sachsen

Sie folgten
einem goldenen Stern ...

Gedichte
zur Geburt Jesu

Was ist das doch ein holdes Kind,
Das man hier in der Krippe find't?
Ach, solch ein süßes Kindelein,
Das muss gewiss vom Himmel sein.

Weihnachten

Wenn ich in Bethlehem wär,
du Christuskind,
lief ich zur Krippe hin,
o wie geschwind!
Drinnen du liegst auf Heu,
auf hartem Stroh,
blickst uns doch an so treu,
so lieb und froh!
Und wer nur recht dich liebt,
Groß oder Klein,
der ist nie mehr betrübt,
soll sich stets freu'n.
Kann ich denn nicht zu dir,
zur Krippe gehen,
kommst du doch gern zu mir,
kannst hier mich sehn.
Sieh in mein Herz hinein,
ob's recht dich liebt,
mit allen Kräften sein',
sich dir ergibt.

Wilhelm Hey

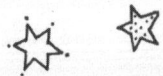

Die Heiligen Drei Könige

Die Heiligen Drei Könige aus Morgenland,
Sie fragen in jedem Städtchen:
„Wo geht der Weg nach Bethlehem,
Ihr lieben Buben und Mädchen?"
Die Jungen und Alten, sie wussten es nicht,
Die Könige zogen weiter;
Sie folgten einem goldenen Stern,
Der leuchtete lieblich und heiter.

Der Stern blieb stehn über Josephs Haus,
Da sind sie hineingegangen;
Das Öchslein brüllte, das Kindlein schrie,
Die Heiligen Drei Könige sangen.

Heinrich Heine

Weihnacht

Wie bewegt mich wundersam
Euer Hall, ihr Weihnachtsglocken,
Die ihr kündet mit Frohlocken,
Dass zur Welt die Gnade kam.

Überm Hause schien der Stern,
Und in Lilien stand die Krippe,
Wo der Engel reine Lippe
Hosianna sang dem Herrn.

Herz, und was geschah vordem,
Dir zum Heil erneut sich's heute:
Dies gedämpfte Festgeläute
Ruft auch dich nach Bethlehem.

Mit den Hirten darfst du ziehn,
Mit den Königen aus Osten
Und in ihrer Schar getrosten
Muts vor deinem Heiland knien.

Hast du Gold nicht und Rubin,
Weihrauch nicht und Myrrhenblüte:
Schütt' aus innerstem Gemüte
Deine Sehnsucht vor ihm hin!

Sieh, die Händchen zart und lind
Streckt er aus, zum Born der Gnaden,
Die da Kinder sind, zu laden,
Komm! Und sei auch du ein Kind!

Emanuel Geibel

Die Heilige Nacht

Gesegnet sei die Heilige Nacht,
Die uns das Licht der Welt gebracht! –

Wohl unterm lieben Himmelszelt
Die Hirten lagen auf dem Feld.

Ein Engel Gottes, licht und klar,
Mit seinem Gruß tritt auf sie dar.

Vor Angst sie decken ihr Angesicht,
Da spricht der Engel: „Fürcht't euch nicht!

Ich verkünd' euch große Freud:
Der Heiland ist euch geboren heut."

Da gehn die Hirten hin in Eil,
Zu schaun mit Augen das ewig Heil;

Zu singen dem süßen Gast Willkomm,
Zu bringen ihm ein Lämmlein fromm. –

Bald kommen auch gezogen fern
Die Heil'gen Drei König' mit ihrem Stern.

Sie knien vor dem Kindlein hold,
Schenken ihm Myrrhen, Weihrauch, Gold.

Vom Himmel hoch der Engel Heer
Frohlocket: „Gott in der Höh sei Ehr!"

Eduard Mörike

Wir Heiligen Drei König'

Wir Heiligen Drei König', wir kommen von fern,
wir suchen den Heiland, den göttlichen Herrn.
Da stehet vor uns ein hell leuchtender Stern,
er winkt uns gar freundlich, wir folgen ihm gern.
Er führt uns vorüber vorm Herodes sei'm Haus,
da schaut der falsch' König beim Fenster heraus.
Er winkt uns so freundlich: „O kommt doch
     herein,
ich will euch aufwarten mit Kuchen und Wein."
„Wir können nicht weilen, wir müssen gleich fort,
wir müssen uns eilen nach Bethlehems Ort.
Es ward uns durch Gott heut die Kunde zuteil,
dass ein Kind ist geboren, das der Welt bringt
     das Heil."
Wir kommen im Stall an, finden das Kind,
viel schöner und holder, als Engel es sind.
Wir knien uns nieder und beten es an,
o Herr, nimm die Gabe aus Dankbarkeit an:
Gold, Weihrauch und Myrrhen, das reichen wir
     dir,
führ du uns dann einstens in'n Himmel von hier!

Volksgut

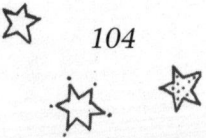

104

Über die Hütte weht der Wind

Über die Hütte weht der Wind,
wo Josef und Maria sind.
In den Ritzen Heu und Stroh,
und die beiden so wunderfroh.

In diesem allerärmsten Haus
geht ein Glanz von dem Kinde aus,
das in dieser sel'gen Nacht
in der Krippe liegt und lacht.
Engel kommen und wiegen es ein.
Das ist das süße Jesulein.

Christkindelein, Christkindelein,
komm doch zu uns herein!
Wir haben frisch' Heubündelein
und auch ein Gläschen guten Wein.
Das Bündelein fürs Eselein.
Fürs Kindelein das Gläselein,
und beten können wir auch,
und beten können wir auch.

Aus dem Elsass

Weihnachtslied

Maria lag in großer Not,
Mit Lumpen angetan,
In einem Stall zu Bethlehem
Und sah die Stunde nahn,
Da sie ein Kindlein haben sollt.
Der Himmel stand in lauter Gold;
Da hub ein Singen an:

„Süße Maria, sei getrost;
Das um dich ist kein Stall.
Blick um dich, allerholdste Frau,
Und sieh die Gäste all,
Die von weither gekommen sind,
Dich zu begrüßen und dein Kind
Mit Flöt- und Geigenschall."

Und wie Marie ihr Haupt erhob,
Oh Wunder, was sie sah:
Es knieten auf der schlechten Streu
Drei goldne Könige da,
Und, wie wenns ihr Gefolge wär,
Ein Heer von Engeln stand umher
Und sang Hallelujah.

Es war ein Licht und war ein Glanz,
Wie sie es nie gesehn,
Und vor den Türn und Fenstern war
Ein Auf- und Niedergehn,
Als ging die ganze Welt vorbei;
Da hört sie einen leisen Schrei:
Da war das Glück geschehn.

Maria strahlte wie ein Stern
Und hob das Kind empor;
Das war so hold und engelschön,
Wie nie ein Kind zuvor.
Die Wände sanken, und die Welt,
Die weite Welt war rings erhellt,
Und alles sang im Chor:

„O seht die Blume, die da blüht,
Die Blume weiß und rot!
Der Kelch ist von der Lilie,
Ein Herz darinnen loht.
Nun ist die ganze Erde licht,
Wir fürchten Schmerz und Trauern nicht
Und fürchten nicht den Tod.

Die Blüte leuchtet uns den Tag,
Und es versank die Nacht,
Und aus der Blüte wird die Frucht,
Die alle fröhlich macht;
Die Frucht, die allen Nahrung gibt,
Der Mensch, der alle Menschen liebt:
Die Liebe ist erwacht."

Der Chor verklang. Es sank der Stall
In braune Dunkelheit.
Maria gab dem Kind die Brust.
Still ward es weit und breit.
Da ward Marien im Herzen bang,
Sie küsst ihr liebes Kindlein lang,
Ihr tat ihr Kindlein leid.

Otto Julius Bierbaum

Der Stern

Hätte einer auch fast mehr Verstand,
Als wie die drei Weisen aus dem Morgenland,
Und ließe sich dünken, er wär wohl nie
Dem Sternlein nachgereist wie sie;
Dennoch, wenn nun das Weihnachtsfest
Seine Lichtlein wonniglich scheinen lässt,
Fällt auch auf sein verständig Gesicht,
Er mag es merken oder nicht,
Ein freundlicher Strahl
Des Wundersternes von dazumal.

Wilhelm Busch

Weihnacht

Ich bin der Tischler Josef,
Meine Frau, die heißet Marie.
Wir finden kein' Arbeit und Herberg'
Im kalten Winter allhie.

Habens der Herr Wirt vom goldnen Stern
Nicht ein Unterkunft für mein Weib?
Einen halbeten Kreuzer zahlert ich gern,
Zu betten den schwangren Leib. –

Ich hab kein Bett für Bettelleut;
Doch scherts euch nur in den Stall.
Gevatter Ochs und Base Kuh
Werden empfangen euch wohl. –

Wir danken dem Herrn Wirt für seine Gnad
Und für die warme Stub.
Der Himmel lohns euch und unser Kind,
Seis Madel oder Bub.

Marie, Marie, was schreist du so sehr? –
Ach Josef, es sein die Wehn.
Bald wirst du den elfenbeinernen Turm,
Das süßeste Wunder sehn. –

Der Josef Hebamme und Bader war
Und hob den lieben Sohn
Aus seiner Mutter dunklem Reich
Auf seinen strohernen Thron.

Da lag er im Stroh. Die Mutter so froh
Sagt Vater Unserm den Dank.
Und Ochs und Esel und Pferd und Hund
Standen fromm dabei.

Aber die Katze sprang auf die Streu
Und wärmte zur Nacht das Kind. –
Davon die Katzen noch heutigen Tags
Maria die liebsten Tiere sind.

Klabund

Heilige Nacht

So ward der Herr Jesus geboren
im Stall bei der kalten Nacht.
Die Armen, die haben gefroren,
den Reichen war's warm gemacht.

Sein Vater ist Schreiner gewesen,
die Mutter war eine Magd.
Sie haben kein Geld nicht besessen,
sie haben sich wohl geplagt.

Kein Wirt hat ins Haus sie genommen,
sie waren von Herzen froh,
dass sie noch ins Stall sind gekommen.
Sie legten das Kind auf Stroh.

Die Engel, die haben gesungen,
dass wohl ein Wunder geschehn.
Da kamen die Hirten gesprungen
und haben es angesehn.

Die Hirten, die will es erbarmen,
wie elend das Kindlein sei.
Es ist eine G'schicht' für die Armen,
kein Reicher war nicht dabei.

Ludwig Thoma

113

Christnacht

Wieder mit Flügeln, aus Sternen gewoben,
Senkst du herab dich, o Heilige Nacht;
Was durch Jahrhunderte alles zerstoben –
Du noch bewahrst deine leuchtende Pracht!

Ging auch der Welt schon der Heiland verloren,
Der sich dem Dunkel der Zeiten entrang,
Wird er doch immer aufs Neue geboren,
Nahst du, Geweihte, dem irdischen Drang.

Selig durchschauernd kindliche Herzen,
Bist du des Glaubens süßester Rest;
Fröhlich begangen bei flammenden Kerzen,
Bist du das schönste, das menschlichste Fest.

Leerend das Füllhorn beglückender Liebe,
Schwebst von Geschlecht zu Geschlecht du
    vertraut –
Wo ist die Brust, die verschlossen dir bliebe,
Nicht dich begrüßte mit innigstem Laut?

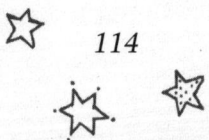

Und so klingt heut' noch das Wort von der Lippe,
Das einst in Bethlehem preisend erklang,
Strahlet noch immer die liebliche Krippe –
Tönt aus der Ferne der Hirten Gesang ...

Was auch im Sturme der Zeiten zerstoben –
Senke herab dich in ewiger Pracht,
Leuchtende du, aus Sternen gewoben,
Frohe, harzduftende, Heilige Nacht!

Ferdinand von Saar

Die Heiligen Drei Könige

Sie zogen auf verschiednen Bahnen.
Und wollten doch zum gleichen Ziel;
Es waren hier entrollte Fahnen
Und dort und dort des Windes Spiel,
Und hier und dorten ging beladen
Der Tross mit Gaben für den Herrn:
Sie zogen auf verschiednen Pfaden
Und folgten doch demselben Stern.

Bis endlich auf ein Dach von Halmen
Der Stern sein letztes Licht ergoss,
Bei Hirtenliedern, Engelpsalmen
Sein treulich winkend Auge schloss:
Da war, da war das Ziel gefunden:
Da fanden auch die Pilger sich,
Und dienten nun in Eins verbunden
Dem gleichen Herrn demütiglich.

Und bittre Myrrhen hat der eine,
Der andre Weihrauch ihm gezollt,
Der dritte bracht ihm Edelsteine
Und Perlen der und rotes Gold!
Und jedes Opfer nahm in Gnaden
Und jeden Priester sah er gern:
Sie kamen auf verschiednen Pfaden
Und dienten doch demselben Herrn.

Wilhelm Wackernagel

Was ist das doch ein holdes Kind

Was ist das doch ein holdes Kind,
Das man hier in der Krippe find't?
Ach, solch ein süßes Kindelein,
Das muss gewiss vom Himmel sein.

Die Frau, die bei der Krippe kniet,
Und selig auf das Kindlein sieht,
Das ist Maria fromm und rein,
Ihr mag recht froh im Herzen sein.

Der Mann, der zu der Seite steht,
Und still hinauf zum Himmel fleht,
Das muss der fromme Joseph sein,
Der tut sich auch des Kindleins freu'n.

Und was dort in der Ecke liegt,
Und nach dem Kindlein schaut vergnügt,
Ein Öchslein und ein Eselein,
Das mögen gute Tierlein sein!

Und die dort kommen fromm und gut
Mit langem Stab und rundem Hut,
Das ist der Hirten fromme Schar,
Die bringen ihre Gaben dar.

Und was den Stall so helle macht,
Und was so lieblich singt und lacht,
Das sind die lieben Engelein,
Die schau'n zu Tür und Fenster ein.

Und die dort kommen ganz von fern
Und gläubig schauen nach dem Stern,
Das sind der weisen Könige drei
Mit Weihrauch, Gold und Spezerei.

Und ob dem Hüttlein flammt der Stern,
Der leuchtet nah und leuchtet fern;
Er leuchtet auch durch unsre Zeit
Und leuchtet bis in Ewigkeit.

Sei hochgelobt, du dunkle Zell!
Durch die die ganze Welt wird hell.
Klein Kindlein in Mariens Schoß
Wie bist du so unendlich groß!

Luise Hensel

Die Heiligen Drei Könige

Aus fernen Landen kommen wir gezogen;
Nach Weisheit strebten wir seit langen Jahren,
Doch wandern wir in unsern Silberhaaren.
Ein schöner Stern ist vor uns hergeflogen.

Nun steht er winkend still am Himmelsbogen:
Den Fürsten Juda's muss dies Haus bewahren.
Was hast du, kleines Bethlehem, erfahren?
Dir ist der Herr vor allen hochgewogen.

Holdselig Kind, lass auf den Knien dich grüßen!
Womit die Sonne unsre Heimat segnet,
Das bringen wir, obschon geringe Gaben.

Gold, Weihrauch, Myrrhen, liegen dir zu Füßen;
Die Weisheit ist uns sichtbarlich begegnet,
Willst du uns nur mit Einem Blicke laben.

August Wilhelm von Schlegel

120

Die Könige

Drei Könige wandern aus Morgenland,
ein Sternlein führt sie zum Jordanstrand,
in Juda fragen und forschen die drei,
wo der neugeborene König sei.
Sie wollen Weihrauch und Myrrhen und Gold
Zum Opfer weihen dem Kindlein hold.

Und hell erglänzt des Sternes Schein,
zum Stalle gehen die Könige ein,
das Knäblein schauen sie wonniglich,
anbetend neigen die Könige sich,
sie bringen Weihrauch, Myrrhen und Gold
zum Opfer dar dem Knäblein hold.

O Menschenkind, halte treulich Schritt,
die Kön'ge wandern, o wand're mit!
Der Stern des Friedens, der Gnade Stern
erhelle dein Ziel, wenn du suchst den Herrn.
Und fehlen dir Weihrauch, Myrrhen und Gold,
schenk dein Herz dem Knäblein hold!

Peter Cornelius

Dreikönigslied

Gott so wollen wir loben und ehrn,
Die Heiligen Drei König' mit ihrem Stern,
Sie reiten daher in aller Eil
In dreißig Tagen vierhundert Meil,
Sie kamen in Herodis Haus,
Herodes sah zum Fenster raus:
Ihr meine liebe Herrn, wo wollt ihr hin?
Nach Bethlehem steht unser Sinn.
Da ist geboren ohn' alles Leid
Ein Kindlein von einer reinen Maid.
Herodes sprach aus großem Trotz:
Ey warum ist der hinder so schwarz?
O lieber Herr, er ist uns wohl bekannt,
Er ist ein König im Mohrenland,
Und wöllend ihr uns recht erkennen,
Wir dürfend uns gar wohl nennen.
Wir seind die König' vom finstern Stern,
Und brächten dem Kindlein ein Opfer gern,
Myrrhen, Weihrauch und rotes Gold,
Wir seind dem Kindlein ins Herz nein hold.
Herodes sprach aus Übermut,
Bleibend bei mir, und nehmt für gut,
Ich will euch geben Heu und Streu,
Ich will euch halten Zehrung frei.

Die Heiligen Drei König' täten sich besinnen,
Fürwahr, wir wollen jetzt von hinnen.
Herodes sprach aus trutzigem Sinn,
Wollt ihr nicht bleiben, so fahret hin.
Sie zogen über den Berg hinaus,
Sie funden den Stern ob dem Haus,
Sie traten in das Haus hinein,
Sie funden Jesum in dem Krippelein.
Sie gaben ihm ein reichen Sold,
Myrrhen, Weihrauch und rotes Gold.
Joseph bei dem Kripplein saß,
Bis dass er schier erfroren was.
Joseph nahm ein Pfännelein,
Und macht dem Kind ein Müßelein.
Joseph, der zog seine Höselein aus,
Und macht dem Kindlein zwei Windelein draus.
Joseph, lieber Joseph mein,
Hilf mir wiegen mein Kindelein.
Es waren da zwei unvernünftige Tier,
Sie fielen nieder auf ihre Knie.
Das Öchselein und das Eselein,
Die kannten Gott den Herren rein.

Amen.

Aus: Des Knaben Wunderhorn

Ein Wahrheitslied

Als Gott der Herr geboren war,
da war es kalt.
Was sieht Maria am Wege stehn?
Ein Feigenbaum.
„Maria, lass du die Feigen noch stehn,
wir haben noch dreißig Meilen zu gehn,
es wird uns spät."

Und als Maria ins Städtchen kam
vor eine Tür,
da sprach sie zu dem Bäuerlein:
„Behalt uns hier,
wohl um das kleine Kindelein,
es möcht dich wahrlich sonst gereun,
die Nacht ist kalt."

Der Bauer sprach von Herzen: „Ja,
geht in den Stall!"
Als nun die halbe Mitternacht kam,
stand auf der Mann:
„Wo seid ihr denn, ihr armen Leut?
Dass ihr noch nicht erfroren seid,
das wundert mich."

Der Bauer ging da wieder ins Haus
wohl aus der Scheuer:
„Steh auf, mein Weib, mein liebes Weib,
und mach ein Feuer,
und mach ein gutes Feuerlein,
dass diese armen Leutelein
erwärmen sich."

Und als Maria ins Haus hinkam,
da war sie froh,
Joseph, der war ein frommer Mann,
sein Säcklein holt;
er nimmt heraus ein Kesselein,
das Kind tät ein bisschen Schnee hinein,
und das sei Mehl.

Es tat ein wenig Eis hinein,
und das sei Zucker,
es tat ein wenig Wasser drein,
und das sei Milch;
sie hingen den Kessel übern Herd
an einen Haken, ohn Beschwerd,
das Müslein kocht.

Ein Löffel schnitzt der fromme Mann
von einem Span,
der ward von lauter Elfenbein
und Diamant,
Maria gab dem Kind den Brei,
da sah man, dass es Jesus sei,
unter seinen Augen.

Aus: Des Knaben Wunderhorn

Das Kind ist uns geboren

Man sagt mir, dass die Nacht wir heute feiern,
In der das Kind uns ist geboren worden;
Ich hört auch längst in der Pifferari Orden
Frühmorgens mir es in den Ohren leiern.

Weihnachten ist mit stillen weißen Schleiern,
Gewebt aus Schnee, geschmückt bei uns im
    Norden
Und hier, so grün ist's an der Tiber Borden,
Wie dort zum Feste mit den bunten Eiern.

Die Glocken klingen festlich, wie zu Hause;
Doch anders als sie dort den Klang empfanden,
Empfinden hier ihn die erstaunten Ohren.

Mir ist, als ob mit hellbewegtem Brause
Sie immer läuteten: Christ ist erstanden!
Statt, wie es sich gebührt: Christ ist geboren!

Friedrich Rückert

Der Weihnachtsstern

Von Osten strahlt ein Stern herein
Mit wunderbarem hellem Schein,
Es naht, es naht ein himmlisch Licht,
Das sich in tausend Strahlen bricht!

Ihr Sternlein auf dem dunklen Blau,
Die all ihr schmückt des Himmels Bau,
Zieht euch zurück vor diesem Schein,
Ihr werdet alle winzig klein!

Verdunkelt, Sonnenlicht und Mond,
Die ihr so stolz am Himmel thront.
Er nahet heilig leuchtend fern
Vom Osten her, der Weihnachtsstern.

Franz von Pocci

Wie die weißen Flocken fliegen ...

Gedichte zur Winterszeit

Schneegestöber wirbelt hin
Um die eisbelegten Scheiben,
Und behaglich vom Kamin
Schauen wir der Flocken Treiben.

Weihnachtsschnee

Ihr Kinder, sperrt die Näschen auf,
Es riecht nach Weihnachtstorten;
Knecht Ruprecht steht am Himmelsherd
Und bäckt die feinsten Sorten.

Ihr Kinder, sperrt die Augen auf,
Sonst nehmt den Operngucker:
Die große Himmelsbüchse, seht,
Tut Ruprecht ganz voll Zucker.

Er streut – die Kuchen sind schon voll –
Er streut – na, das wird munter:
Er schüttelt die Büchse und streut und streut
Den ganzen Zucker runter.

Ihr Kinder sperrt die Mäulchen auf,
Schnell! Zucker schneit es heute;
Fangt auf, holt Schüsseln – ihr glaubt es nicht?
Ihr seid ungläubige Leute!

Paula Dehmel

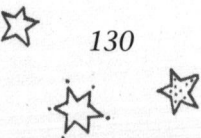

130

Es schneit

Der erste Schnee, weich und dicht,
Die ersten wirbelnden Flocken.
Die Kinder drängen ihr Gesicht
Ans Fenster und frohlocken.

Da wird nun das letzte bisschen Grün
Leise, leise begraben.
Aber die jungen Wangen glühn,
Sie wollen den Winter haben.

Schlittenfahrt und Schellenklang
Und Schneebälle um die Ohren!
– Kinderglück, wo bist du? Lang,
Lang verschneit und erfroren.

Fallen die Flocken weich und dicht,
Stehen wir wohl erschrocken,
Aber die Kleinen begreifens nicht,
Glänzen vor Glück und frohlocken.

Gustav Falke

Schneegestöber

Schneegestöber wirbelt hin
Um die eisbelegten Scheiben,
Und behaglich vom Kamin
Schauen wir der Flocken Treiben.

Freuen uns, dass weich und lind
Wärme rings uns hält umwoben,
Während draußen Schnee und Wind
Kämpfend durcheinander toben.

Lass denn auch, wenn draußen wild
Alte Zeit und neue ringen,
Lass dieselbe Ruhe mild
Uns der Seele Mark durchdringen!

Lass uns froh der innern Glut,
Will uns Wintersturm umnachten,
Flüchten in der Liebe Hut,
Und des Lebens Frost verachten.

Mag dann wirr wie Flockenschwarm
Tag für Tag vorübertreiben,
Bleiben uns die Herzen warm,
Wird die Zeit auch hell uns bleiben.

Mag dann fliehen Jahr für Jahr,
Wenn wir wie vor Jahren lieben,
Dann ergraut uns wohl das Haar,
Doch wir selbst sind jung geblieben.

Friedrich Halm

Winterlied

Das Feld ist weiß, so blank und rein,
Vergoldet von der Sonne Schein,
Die blaue Luft ist stille;
Hell, wie Kristall,
Blinkt überall
Der Fluren Silberhülle.

Der Lichtstrahl spaltet sich im Eis,
Er flimmert blau und rot und weiß,
Und wechselt seine Farbe.
Aus Schnee heraus
Ragt, nackt und kraus,
Des Dorngebüsches Garbe.

Von Reifenduft befiedert sind
Die Zweige rings, die sanfte Wind'
Im Sonnenstrahl bewegen.
Dort stäubt vom Baum
Der Flocken Flaum
Wie leichter Blütenregen.

Tief sinkt der braune Tannenast
Und drohet, mit des Schnees Last
Den Wandrer zu beschütten;
Vom Frost der Nacht
Gehärtet, kracht
Der Weg von seinen Tritten.

Das Bächlein schleicht, von Eis geengt;
Voll lautrer, blauer Zacken hängt
Das Dach; es stockt die Quelle;
Im Sturze harrt,
Zu Glas erstarrt,
Des Wasserfalles Welle.

Die blaue Meise piepet laut;
Der muntre Sperling pickt vertraut
Die Körner vor der Scheune.
Der Zeisig hüpft
Vergnügt und schlüpft
Durch blätterlose Haine.

Wohlan! Auf festgediegner Bahn
Klimm ich den Hügel schnell hinan
Und blicke froh ins Weite;
Und preise den,
Der rings so schön
Die Silberflocken streute.

Johann Gaudenz von Salis-Seewis

An eine Schneeflocke und Konsorten

Dich, vor Minuten noch, im Himmel
    Hochgeborner,
Bewundernswürdiger, Gesunkener, Verlorner,
O schöner Stern! mein Lied soll dich
    verewigen! –
Doch – halt! – wo bist du denn?

Friedrich Gottlieb Klopstock

Winterfreuden

Nicht nur der Sommer, sondern auch
Der Winter hat sein Schönes,
Wiewohl man friert bei seinem Hauch,
So ist doch dies und jenes
Im Winter wirklich angenehm,
Besonders dass man sich bequem
Kann vor dem Frost bewahren,
Und auch im Schlitten fahren.

Das weite Feld ist kreidenweiß,
Wem machte das nicht Freuden?
Die Knaben purzeln auf dem Eis,
Wenn sie zu hurtig gleiten,
Und ist nicht die Bemerkung schön,
Bei Leuten, die zu Fuße geh'n,
Dass sie schier alle springen
Und mit den Händen ringen?

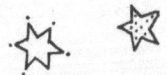

Und wenn man sich versehen hat,
Mit Holz, um einzuheizen,
So muss die Wärme früh und spat
Uns zum Vergnügen reizen,
Man richtet mit zufried'nem Sinn
Den Rücken an den Ofen hin,
Und wärmet sich nach Kräften
Für Haus- und Hofgeschäften.

Ein altes Buch zur Abendzeit
Muss ich zumeist doch lieben,
Wenn man da liest die Albernheit
Der Vorzeit schön beschrieben,
Man sitzt und liest und freuet sich
Und danket Gott herzinniglich
Genügsam und bescheiden
Für uns're jetzgen Zeiten.

Ludwig Eichrodt

Dämmerstündchen

Dämmerstündchen im frostigen Winter,
Dämmerstündchen im traulichen Stübchen …
Wenn da draußen über den harten
Knarrenden Schnee ein kragenvermummter
Mann mit dampfendem Atem eilt,
Ohren und Nase rot gezwickt …
Wolkig umhüllt, mit Schnauben und Stampfen
Ziehn zwei Pferde den wuchtigen Wagen …
Und der Schusterjunge im Schurzfell
Trabt und haucht in die klamme Hand …
Rötlich strahlt die Straßenlaterne;
Über dem schneebelasteten Hausdach
Blinzelt der Abendstern.

Dämmerstündchen im frostigen Winter,
Dämmerstündchen im traulichen Stübchen ...
Wärme strahlt der gewaltige Ofen,
Muntre Flammen durchäugeln den Spalt;
Und ich dehne behaglich die Glieder,
Lausche dem lieblich summenden Singsang
Des melodisch sinnigen Kessels;
Hitzig brät indessen der Apfel,
Den lieb Mütterchen mir verehrte.
Fernher klingelt ein Schlitten – fernhin;
Und die ruhige Seele träumt.

Bruno Wille

Winternacht

Wie ist so herrlich die Winternacht!
Es glänzt der Mond in voller Pracht
Mit den silbernen Sternen am Himmelszelt.

Es zieht der Frost durch Wald und Feld
Und überspinnet jedes Reis
Und alle Halme silberweiß.

Er hauchet über dem See, und im Nu,
Noch eh wir's denken, friert er zu.

So hat der Winter auch unser gedacht
Und über Nacht uns Freude gebracht.
Nun wollen wir auch dem Winter nicht grollen
Und ihm auch Lieder des Dankes zollen.

Hoffmann von Fallersleben

Schlaf ein, mein Kind

Schlaf ein, mein süßes Kind
Da draußen singt der Wind.
Er singt die ganze Welt zur Ruh,
Deckt sie mit weißen Betten zu.
Und bläst er ihr auch ins Gesicht,
Sie rührt sich nicht und regt sich nicht,
Tut auch kein Händlein strecken
Aus ihren weichen Decken.

Schlaf ein, mein süßes Kind,
Da draußen weht der Wind;
Er rüttelt an dem Tannenbaum,
Da fliegt heraus ein schöner Traum;
Der fliegt durch Schnee und Nacht und Wind
Geschwind, geschwind zum lieben Kind
Und singt von lust'gen Dingen,
die's Christkind ihm wird bringen.

Robert Reinick

143

Schneeflocken

Wende ich den Kopf nach oben:
Wie die weißen Flocken fliegen,
Fühle ich mich selbst gehoben
Und im Wirbeltanze wiegen.
Dicht und dichter das Gewimmel;
Eine Flocke bin auch ich. –
Wie viel Flocken braucht der Himmel,
Eh die Erde langsam sich
Weiß umhüllt?

Klabund

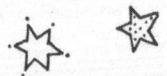

Winters Einzug

Nun zieht mit seiner ganzen Macht
Herr Winter wieder ein.
Vergangen ist der Fluren Pracht,
Erbleicht der Sonne Schein.

Weh uns! Schon naht der kalte Mann
Mit seinem weißen Bart!
Wer Arm' und Beine rühren kann,
Kommt, hemmet seine Fahrt! –

Schließt Tür' und Tor und Fenster zu,
Und lasst ihn nicht herein,
Dass er uns nichts zuleide tu'!
Es friert ja Groß und Klein.

Gewaffnet ist der Kinder Schar,
Die ihm entgegentritt.
Was hilft's? Er kommt wie alle Jahr,
Bringt Schnee und Eis uns mit.

Bringt eine lange, lange Nacht
Und einen kurzen Tag.
Des Schneegestöbers Flockenjagd
Und noch so manche Plag'.

Doch kennt er viele Freuden auch,
Bringt neuer Märchen Traum,
Und hat – es ist sein alter Brauch,
Bei sich den Weihnachtsbaum.

Eisblumen malt ans Fenster er
In weißem Blütenkranz,
Die freuten uns noch immer sehr
Mit ihrem Zauberglanz.

Schneemänner gar und Blindemaus
Und Schattenspiel bei Licht:
Das bringt der Winter auch ins Haus;
Drum schmäht den Alten nicht!

Herein, herein denn, Wintermann!
Komm setz dich zum Kamin!
Wärm deine kalten Hände dran
Und auf ein Märchen sinn! –

Erzähl es dann – wir hören zu,
Wir haben sorgsam acht,
Und ist es aus, gehen wir zur Ruh',
Und wünschen gute Nacht.

Franz von Pocci

Ein Lied, hinterm Ofen zu singen

Der Winter ist ein rechter Mann,
kernfest und auf die Dauer;
sein Fleisch fühlt sich wie Eisen an
und scheut nicht süß noch sauer.

War je ein Mann gesund, ist er's;
er krankt und kränkelt nimmer,
weiß nichts von Nachtschweiß noch Vapeurs
und schläft im kalten Zimmer.

Er zieht sein Hemd im Freien an
und lässt's vorher nicht wärmen
und spottet über Fluss im Zahn
und Kolik in Gedärmen.

Aus Blumen und aus Vogelsang
weiß er sich nichts zu machen,
hasst warmen Drang und warmen Klang
und alle warmen Sachen.

Doch wenn die Füchse bellen sehr,
wenn's Holz im Ofen knittert,
und um den Ofen Knecht und Herr
die Hände reibt und zittert.

Wenn Stein und Bein vor Frost zerbricht
und Teich und Seen krachen,
das klingt ihm gut, das hasst er nicht,
dann will er tot sich lachen.

Matthias Claudius

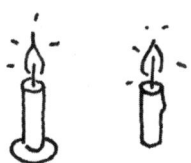

Winterrätsel

Ich falle vom Himmel
in wirrem Gewimmel.
Ich schimmre
und flimmre
und decke das Land
zahllos wie Sand.

Doch unversehens
im Sonnenschein
schleich ich
und weich ich
und schlüpf ins Dunkel
der Erde hinein.

Friedrich Wilhelm Güll

Ein großer Teich war zugefroren

Ein großer Teich war zugefroren;
Die Fröschlein, in der Tiefe verloren,
Durften nicht ferner quaken noch springen,
Versprachen sich aber im halben Traum:
Fänden sie nur da oben Raum,
Wie Nachtigallen wollten sie singen.
Der Tauwind kam, das Eis zerschmolz,
Nun ruderten sie und landeten stolz
Und saßen am Ufer weit und breit
Und quakten wie vor alter Zeit.

Johann Wolfgang Goethe

Der erste Schnee

Ans Fenster kommt und seht,
was heute vor sich geht:
Es kommt vom grauen Himmel
in dämmerndem Gewimmel
der erste Schnee herab.
Die Flocken, auf und ab
wie Schmetterlinge fliegen sie,
wie weiße Blätter wiegen sie
in leichten Lüften sich …
Hurra! Wie freu ich mich!
Nun lasst uns gleich mal sehen,
wo unsere Schlitten stehen,
der große und der kleine,
der meine und der deine!
Mariechen, zieh den Mantel an!
Da draußen gibt es Schlittenbahn.

Heinrich Seidel

Die Enten laufen Schlittschuh

Die Enten laufen Schlittschuh
auf ihrem kleinen Teich.
Wo haben sie denn die Schlittschuh her –
sie sind doch gar nicht reich?

Wo haben sie denn die Schlittschuh her?
Woher? Vom Schlittschuhschmied!
Der hat sie ihnen geschenkt, weißt du,
für ein Entenschnatterlied.

Christian Morgenstern

153

Meh Lämmchen meh!

Meh Lämmchen meh!
Das Lämmchen lief in Schnee.
Es stieß sich an ein Steinchen,
da tat ihm weh sein Beinchen.
Das sagt das Lämmchen meh!

Meh Lämmchen meh!
Das Lämmchen lief in Schnee.
Es stieß sich an ein Stöckchen,
da tat ihm weh sein Köpfchen.
Da sagt das Lämmchen meh!

Meh Lämmchen meh!
Das Lämmchen lief in Schnee.
Es stieß sich an ein Sträuchelchen,
da tat ihm weh sein Bäuchelchen.
Da sagt das Lämmchen meh!

Meh Lämmchen meh!
Das Lämmchen lief in Schnee.
Es stieß sich an ein Hölzchen,
da tat ihm weh sein Hälschen.
Da sagt das Lämmchen meh!

Unbekannt

A B C, die Katze lief im Schnee ...

A B C, die Katze lief im Schnee,
und als sie dann nach Hause kam,
da hatt' sie weiße Stiefel an.
O jemine, o jemine,
die Katze lief im Schnee.

A B C, die Katze lief zur Höh!
Sie leckt ihr kaltes Pfötchen rein
und putzt sich auch die Stiefelein
und ging nicht mehr, und ging nicht mehr,
ging nicht mehr in den Schnee.

Aus Thüringen

Alle Jahre wieder ...

Weihnachtslieder

Leise rieselt der Schnee,
still und starr liegt der See,
weihnachtlich glänzet der Wald,
freue dich, 's Christkind kommt bald!

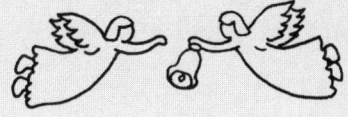

Morgen, Kinder, wird's was geben

Morgen, Kinder, wird's was geben
morgen werden wir uns freun!
Welch ein Jubel, welch ein Leben
wird in unserm Hause sein!
Einmal werden wir noch wach,
heißa, dann ist Weihnachtstag!

Wie wird dann die Stube glänzen
von der großen Lichterzahl!
Schöner als bei frohen Tänzen
ein geputzter Kronensaal.
Wisst ihr noch, wie vor'ges Jahr
es am Heil'gen Abend war?

Wisst ihr noch mein Räderpferdchen
Malchens nette Schäferin,
Jettchens Küche mit dem Herdchen
und dem blank geputzten Zinn?
Heinrichs bunten Harlekin
mit der gelben Violin?

Alle Jahre wieder

Alle Jahre wieder
kommt das Christuskind
auf die Erde nieder,
wo wir Menschen sind.

Kehrt mit seinem Segen
ein in jedes Haus,
geht auf allen Wegen
mit uns ein und aus.

Steht auch mir zur Seite
still und unerkannt,
dass es treu mich leite
an der lieben Hand.

159

O du fröhliche

O du fröhliche,
o du selige,
gnadenbringende Weihnachtszeit!
Welt ging verloren,
Christ ist geboren:
Freue, freue dich, o Christenheit!

O du fröhliche,
o du selige,
gnadenbringende Weihnachtszeit!
Christ ist erschienen,
uns zu versühnen:
Freue, freue dich, o Christenheit!

O du fröhliche,
o du selige,
gnadenbringende Weihnachtszeit!
Himmlische Heere
jauchzen dir Ehre:
Freue, freue dich, o Christenheit!

Stille Nacht, Heilige Nacht

Stille Nacht, Heilige Nacht!
Alles schläft, einsam wacht
nur das traute hochheilige Paar;
holder Knabe im lockigen Haar,
schlaf in himmlischer Ruh,
schlaf in himmlischer Ruh!

Stille Nacht, Heilige Nacht!
Hirten erst kundgemacht
durch der Engel Halleluja,
tönt es laut von fern und nah:
Christ, der Retter, ist da,
Christ, der Retter, ist da!

Stille Nacht, Heilige Nacht!
Gottes Sohn, o wie lacht
lieb aus deinem göttlichen Mund,
da uns schlägt die rettende Stund,
Christ, in deiner Geburt,
Christ, in deiner Geburt!

Morgen kommt der Weihnachtsmann

Morgen kommt der Weihnachtsmann,
kommt mit seinen Gaben.
Bunte Lichter, Silberzier,
Kind mit Krippe, Schaf und Stier,
Zottelbär und Panthertier
möcht' ich gerne haben.

Doch du weißt ja unsern Wunsch,
kennst ja unsre Herzen.
Kinder, Vater und Mama,
auch sogar der Großpapa,
alle, alle sind wir da,
warten dein mit Schmerzen.

Vom Himmel hoch, da komm ich her

Vom Himmel hoch, da komm ich her,
ich bring euch gute, neue Mär,
der guten Mär bring ich so viel,
davon ich sing'n und sagen will.

Euch ist ein Kindlein heut geborn
von einer Jungfrau auserkorn,
ein Kindelein, so zart und fein,
das soll eur Freud und Wonne sein.

Es ist der Herr Christ, unser Gott,
der will euch führn aus aller Not,
er will eur Heiland selber sein,
von allen Sünden machen rein.

Lob, Ehr sei Gott im höchsten Thron,
der uns schenkt' seinen einz'gen Sohn;
des freuet sich der Engel Schar
und singet uns solch neues Jahr!

Leise rieselt der Schnee

Leise rieselt der Schnee,
still und starr liegt der See,
weihnachtlich glänzet der Wald,
freue dich, 's Christkind kommt bald!

's Kindlein, göttlich und arm,
macht die Herzen so warm,
strahle, du Stern überm Wald,
freue dich, 's Christkind kommt bald!

Bald ist Heilige Nacht,
Chor der Engel erwacht;
horch nur, wie lieblich es schallt,
freue dich, 's Christkind kommt bald!

Am Weihnachtsbaum die Lichter brennen

Am Weihnachtsbaum die Lichter brennen,
wie glänzt er festlich, lieb und mild,
als spräch er: wollt in mir erkennen
getreuer Hoffnung stilles Bild.

Die Kinder stehn mit hellen Blicken,
das Auge lacht, es lacht das Herz,
o fröhlich, seliges Entzücken,
die Alten schauen himmelwärts.

Zwei Engel sind hereingetreten,
kein Auge hat sie kommen sehn,
sie gehen zum Weihnachtsbaum und beten
und wenden wieder sich und gehn.

Kein Ohr hat ihren Spruch vernommen,
unsichtbar jedes Menschen Blick
sind sie gegangen, wie gekommen,
doch Gottes Segen bleibt zurück!

Kling, Glöckchen, kling

Kling, Glöckchen, klingelingeling,
kling, Glöckchen, kling!
Lasst mich ein, ihr Kinder,
ist so kalt der Winter,
öffnet mir die Türen,
lasst mich nicht erfrieren!
Kling, Glöckchen, klingelingeling,
kling, Glöckchen, kling!

Kling, Glöckchen, klingelingeling,
kling, Glöckchen, kling!
Mädchen hört und Bübchen,
macht mir auf das Stübchen,
bring euch viele Gaben,
sollt euch dran erlaben.
Kling, Glöckchen, klingelingeling,
kling, Glöckchen, kling!

Kling, Glöckchen, klingelingeling,
kling, Glöckchen, kling!
Hell erglühn die Kerzen,
öffnet mir die Herzen!
Will drin wohnen fröhlich,
frommes Kind, wie selig.
Kling, Glöckchen, klingelingeling,
kling, Glöckchen, kling!

Ihr Kinderlein, kommet

Ihr Kinderlein, kommet,
o kommet doch all!
Zur Krippe her kommet
in Bethlehems Stall
und seht, was in dieser
hochheiligen Nacht
der Vater im Himmel
für Freude uns macht.

O seht in der Krippe
im nächtlichen Stall
seht hier bei des Lichtleins
hellglänzendem Strahl
den lieblichen Knaben,
das himmlische Kind,
viel schöner und holder,
als Engelein sind!

Da liegt es, das Kindlein,
auf Heu und auf Stroh,
Maria und Joseph
betrachten es froh.
Die redlichen Hirten
knien betend davor,
hoch oben schwebt jubelnd
der Engelein Chor.

O beugt, wie die Hirten,
anbetend die Knie,
erhebet die Händlein
und danket wie sie,
stimmt freudig, ihr Kinder,
wer wollt sich nicht freun,
stimmt freudig zum Jubel
der Engel mit ein!

Still, still, still

Still, still, still,
weil's Kindlein schlafen will.
Die Englein tun schön jubilieren
bei dem Kripplein musizieren.
Still, still, still,
weil's Kindlein schlafen will.

Schlaf, schlaf, schlaf,
mein liebes Kindlein, schlaf.
Maria will dich niedersingen,
ihre keusche Brust darbringen.
Schlaf, schlaf, schlaf,
mein liebes Kindlein, schlaf.

Zu Bethlehem geboren

Zu Bethlehem geboren
ist uns ein Kindelein,
das hab ich auserkoren,
sein Eigen will ich sein,
eia, eia, sein Eigen will ich sein.

In seine Liebe versenken
will ich mich ganz hinab,
mein Herz will ich ihm schenken
und alles, was ich hab,
eia, eia, und alles was ich hab.

O Kindelein, von Herzen
will ich dich lieben sehr,
in Freuden und in Schmerzen,
je länger, mehr und mehr,
eia, eia, je länger, mehr und mehr.

Lasst uns froh und munter sein

Lasst uns froh und munter sein
und uns recht von Herzen freun!
Lustig, lustig, traleralera,
bald ist Nikolausabend da,
bald ist Nikolausabend da.

Bald ist unsre Schule aus,
dann ziehn wir vergnügt nach Haus.
Lustig, lustig, traleralera,
bald ist Nikolausabend da,
bald ist Nikolausabend da.

Dann stell ich den Teller auf,
Niklaus legt gewiss was drauf.
Lustig, lustig, traleralera,
bald ist Nikolausabend da,
bald ist Nikolausabend da.

Steht der Teller auf dem Tisch,
sing ich nochmals froh und frisch:
Lustig, lustig, traleralera,
bald ist Nikolausabend da,
bald ist Nikolausabend da.

Wenn ich schlaf, dann träume ich:
Jetzt bringt Niklaus was für mich.
Lustig, lustig, traleralera,
bald ist Nikolausabend da,
bald ist Nikolausabend da.

Wenn ich aufgestanden bin,
lauf ich schnell zum Teller hin.
Lustig, lustig, traleralera,
bald ist Nikolausabend da,
bald ist Nikolausabend da.

Niklaus ist ein braver Mann,
den man nicht genug loben kann.
Lustig, lustig, traleralera,
bald ist Nikolausabend da,
bald ist Nikolausabend da.

Süßer die Glocken nie klingen

Süßer die Glocken nie klingen
als zu der Weihnachtszeit,
grad als ob Engelein singen
wieder von Frieden und Freud!
Wie sie gesungen in seliger Nacht,
wie sie gesungen in seliger Nacht,
Glocken mit heiligem Klang,
klinget die Erde entlang!

Und wenn die Glocken erklingen,
gleich sie das Christkindlein hört,
tut sich vom Himmel dann schwingen,
eilet hernieder zur Erd',
segnet den Vater, die Mutter, das Kind,
segnet den Vater, die Mutter, das Kind.
Glocken mit heiligem Klang,
klinget die Erde entlang!

Klinget mit lieblichem Schalle
über die Meere noch weit,
dass sich erfreuen doch alle
seliger Weihnachtszeit!
Alle dann jauchzen mit frohem Gesang,
alle dann jauchzen mit frohem Gesang:
Glocken mit heiligem Klang,
klinget die Erde entlang!

O Tannenbaum

O Tannenbaum, o Tannenbaum,
wie grün sind deine Blätter!
Du grünst nicht nur zur Sommerszeit,
nein auch im Winter,
wenn es schneit.
O Tannenbaum, o Tannenbaum,
wie grün sind deine Blätter.

O Tannenbaum, o Tannenbaum,
du kannst mir sehr gefallen!
Wie oft hat nicht zur Weihnachtszeit
ein Baum von dir mich hoch erfreut!
O Tannenbaum, o Tannenbaum,
du kannst mir sehr gefallen!

O Tannenbaum, o Tannenbaum,
dein Kleid will mich was lehren:
Die Hoffnung und Beständigkeit
gibt Trost und Kraft zu jeder Zeit.
O Tannenbaum, o Tannenbaum,
dein Kleid will mich was lehren.

Kommet, ihr Hirten

Kommet, ihr Hirten, ihr Männer und Frau'n,
kommet, das liebliche Kindlein zu schaun!
Christus, der Herr, ist heute geboren,
den Gott zum Heiland euch hat erkoren.
Fürchtet euch nicht!

Lasset uns sehen in Bethlehems Stall,
was uns verheißen der himmlische Schall!
Was wir dort finden, lasset uns künden,
lasset uns preisen in frommen Weisen:
Halleluja!

Wahrlich, die Engel verkündigen heut
Bethlehems Hirtenvolk gar große Freud.
Nun soll es werden Friede auf Erden,
den Menschen allen ein Wohlgefallen!
Ehre sei Gott!

Fröhliche Weihnacht überall

„Fröhliche Weihnacht überall!"
tönet durch die Lüfte froher Schall,
Weihnachtston, Weihnachtsbaum,
Weihnachtsduft in jedem Raum!
„Fröhliche Weihnacht überall!"
tönet durch die Lüfte froher Schall.
Darum alle stimmet ein
in den Jubelton,
denn es kommt das Licht der Welt
von des Vaters Thron.

„Fröhliche Weihnacht überall!"
tönet durch die Lüfte froher Schall,
Weihnachtston, Weihnachtsbaum,
Weihnachtsduft in jedem Raum!
„Fröhliche Weihnacht überall!"
tönet durch die Lüfte froher Schall.
Licht auf dunklem Wege,
unser Licht bist du,
denn du führst, die dir vertraun,
ein zur sel'gen Ruh.

„Fröhliche Weihnacht überall!"
tönet durch die Lüfte froher Schall,
Weihnachtston, Weihnachtsbaum,
Weihnachtsduft in jedem Raum!
„Fröhliche Weihnacht überall!"
tönet durch die Lüfte froher Schall.
Was wir andern taten,
sei getan für dich,
dass bekennen jeder muss,
Christkind kam für mich.

Stille, stille, kein Geräusch gemacht

Stille, stille, kein Geräusch gemacht,
Stille, stille, kein Geräusch gemacht!
Christkind will zu euch herein,
aber ihr dürft nicht so schrein!
Stille, stille, kein Geräusch gemacht!

Stille, stille, kein Geräusch gemacht,
Stille, stille, kein Geräusch gemacht!
Christkind will zu euch herein,
aber ihr müsst artig sein!
Stille, stille, kein Geräusch gemacht!

Es ist ein Ros' entsprungen

Es ist ein Ros' entsprungen
aus einer Wurzel zart.
Wie uns die Alten sungen,
von Jesse kam die Art.
Und hat ein Blümlein bracht,
mitten im kalten Winter,
wohl zu der halben Nacht.

Das Blümlein, das ich meine,
davon Jesaia sagt,
hat uns gebracht alleine
Marie, die reine Magd.
Aus Gottes ew'gem Rat
hat sie ein Kind geboren
wohl zu der halben Nacht.

Das Blümelein so kleine,
das duftet uns so süß,
mit seinem hellen Scheine
vertreibt's die Finsternis.
Wahr' Mensch und wahrer Gott,
hilf uns aus allem Leide,
rettet von Sünd' und Tod.

Der Christbaum ist der schönste Baum

Der Christbaum ist der schönste Baum,
den wir auf Erden kennen.
Im Garten klein, im engsten Raum,
wie lieblich blüht der Wunderbaum,
wenn seine Blümchen brennen,
wenn seine Blümchen brennen,
ja brennen.

Denn sieh, in dieser Wundernacht
ist einst der Herr geboren,
der Heiland, der uns selig macht;
hätt er den Himmel nicht gebracht,
wär alle Welt verloren,
wär alle Welt verloren.

Doch nun ist Freud und Seligkeit,
ist jede Nacht voll Kerzen.
Auch dir, mein Kind, ist das bereit't,
dein Jesus schenkt dir alles heut,
gern wohnt er dir im Herzen,
gern wohnt er dir im Herzen.

O lass ihn ein, es ist kein Traum!
Er wählt dein Herz zum Garten,
will pflanzen in den engen Raum
den allerschönsten Wunderbaum
und seiner treulich warten,
und seiner treulich warten.

Macht hoch die Tür, die Tor macht weit

Macht hoch die Tür, die Tor macht weit,
es kommt der Herr der Herrlichkeit,
ein König aller Königreich,
ein Heiland aller Welt zugleich,
der Heil und Leben mit sich bringt.
Derhalben jauchzt, mit Freuden singt:
Gelobet sei mein Gott,
mein Schöpfer, reich von Rat.

Er ist gerecht, ein Helfer wert,
Sanftmütigkeit ist sein Gefährt,
sein Königskron ist Heiligkeit,
sein Zepter ist Barmherzigkeit;
all unsre Not zum End er bringt.
Derhalben jauchzt, mit Freuden singt:
Gelobet sei mein Gott,
mein Heiland, groß von Tat.

O wohl dem Land, o wohl der Stadt,
so diesen König bei sich hat.
Wohl allen Herzen insgemein,
da dieser König ziehet ein.

184

Er ist die rechte Freudensonn,
bringt mit sich lauter Freud und Wonn.
Gelobet sei mein Gott,
mein Tröster früh und spat.

Macht hoch die Tür, die Tor macht weit,
eu'r Herz zum Tempel macht bereit.
Die Zweiglein der Gottseligkeit
steckt auf mit Andacht, Lust und Freud;
so kommt der König auch zu euch,
ja, Heil und Leben mit zugleich.
Gelobet sei mein Gott,
voll Rat, voll Tat, voll Gnad.

Komm, o mein Heiland Jesu Christ,
meins Herzens Tür dir offen ist.
Ach zieh mit deiner Gnade ein,
dein Freundlichkeit auch uns erschein.
Dein Heilger Geist uns führ und leit
den Weg zur ewgen Seligkeit.
Dem Namen dein, o Herr,
sei ewig Preis und Ehr!

Es kommt ein Schiff geladen

Es kommt ein Schiff geladen
bis an sein höchsten Bord,
trägt Gottes Sohn voll Gnaden,
des Vaters ewigs Wort.

Das Schiff geht still im Triebe,
es trägt ein teure Last;
das Segel ist die Liebe,
der Heilig Geist der Mast.

Der Anker haft' auf Erden,
da ist das Schiff am Land.
Das Wort tut Fleisch uns werden,
der Sohn ist uns gesandt.

Zu Bethlehem geboren
im Stall ein Kindelein,
gibt sich für uns verloren;
gelobet muss es sein.

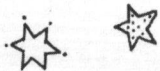

Schneeflöckchen, Weißröckchen

Schneeflöckchen, Weißröckchen,
wann kommst du geschneit?
Du kommst aus den Wolken,
dein Weg ist so weit.

Komm setz dich ans Fenster,
du lieblicher Stern,
malst Blumen und Blätter,
wir haben dich gern.

Schneeflöckchen, du deckst uns
die Blümelein zu,
dann schlafen sie sicher
in himmlischer Ruh.

Schneeflöckchen, Weißröckchen
komm zu uns ins Tal,
dann bau'n wir den Schneemann
und werfen den Ball.

O laufet, ihr Hirten

O laufet, ihr Hirten, lauft ale zugleich
und nehmet Schalmeien und Pfeifen mit euch!
Lauft alle zumal mit freudigem Schall,
nach Bethlehem zum Kripplein, zum Kripplein
    im Stall.

Ein Kindlein ist gesehen wie ein Engel so schön.
Dabei auch ein alter Vater tut stehn,
ein Jungfrau schön zart nach englischer Art.
Es hat mich erbarmet ganz inniglich hart.

Mein Nachbar, lauf hurtig, brings Wieglein daher!
Wills Kindlein dreinlegen, es zittert so sehr.
Ei, eia popei! Liebs Kindel, schlaf ein!
Im Krippel, zarts Jesulein, ei, eia popei.

188

Ihr Hirten erwacht

Ihr Hirten erwacht! Erhellt ist die Nacht,
wie strahlt's aus der Ferne, wie schwinden die
    Sterne!
Es naht sich, es naht sich die leuchtende Pracht!
Der Herr ist zugegen mit himmlischer Macht!

O fürchtet euch nicht vor göttlichem Licht!
So tröstet in Freude auf Bethlehems Weide
ein Engel des Herren die Hirten im Feld,
ein Bote des Friedens der sündigen Welt.

Nicht länger verweilt, nach Bethlehem eilt,
da lieget im Stalle das Heil für euch alle,
ein Kindlein geboren in Armut und Not,
um siegreich zu wenden die Sünd' und den Tod.

Lieb Nachtigall, wach auf

Lieb Nachtigall, wach auf
Wach auf, du schönes Vögelein
Auf jenem grünen Zweigelein
Wach hurtig ohn' Verschnauf!
Dem Kindelein auserkoren
Heut geboren, fast erfroren
Sing, sing, sing
Dem zarten Jesulein!

Flieg her zum Krippelein
Flieg her, geliebtes Schwesterlein
Blas an dem feinen Psalterlein
Sing, Nachtigall, gar fein.
Dem Kindelein musiziere
Koloriere, jubiliere
Sing, sing, sing
Dem süßen Jesulein!

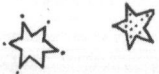

Stimm, Nachtigall, stimm an!
Den Takt gib mit den Federlein
Auch freudig schwing die Flügelein
Erstreck dein Hälselein!
Der Schöpfer ein Mensch will werden
Mit Gebärden hier auf Erden
Sing, sing, sing
Dem werten Jesulein!

Sing, Nachtigall, ohn' End,
Zu vielen hunderttausend Mal
Das Kindlein lobe ohne Zahl,
Ihm deine Liebe send'!
Dem Heiland mein Ehr' erweise,
Lob und preise, laut und leise,
Sing, sing, sing
Dem Christuskindelein!

Wenn Weihnachten ist

Wenn Weihnachten ist, wenn Weihnachten ist,
bescheret uns der liebe heilige Christ.
Und da kriegen wir 'ne Muh, und da kriegen
    wir 'ne Mäh,
und da kriegen wir die allerschönste Täterätätä!

Wenn Weihnachten ist, wenn Weihnachten ist,
bescheret uns der liebe heilige Christ.
Und wir kriegen 'ne Brumbrum und kriegen
    'ne Bumbum
und wir kriegen noch die allerschönste
    Dideldideldum.

Wenn Weihnachten ist, wenn Weihnachten ist,
bescheret uns der liebe heilige Christ.
Und wir kriegen 'ne Hottehüh und wir kriegen
    Kikriki
und wir kriegen noch die allerschönste
    Düdelüdelüh.

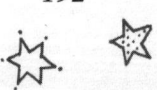

Wenn Weihnachten ist, wenn Weihnachten ist,
bescheret uns der liebe heilige Christ.
Und da kriegen wir ein Ei, wenn wir artig war'n
   auch zwei
und wir kriegen noch die allerschönste
   Didelidelei.

O selige Nacht

O selige Nacht! In himmlischer Pracht
Erscheint auf der Weide ein Bote der Freude
Den Hirten, die nächtlich die Herde bewacht.

Wie tröstlich er spricht: O fürchtet euch nicht!
Ihr waret verloren, heut' ist euch geboren
Der Heiland, der allen das Leben verspricht.

Seht Bethlehem dort, den glücklichen Ort!
Da werdet ihr finden, was wir euch verkünden,
Das sehnlichst erwartete göttliche Wort.

Joseph, lieber Joseph mein

Joseph, lieber Joseph mein,
hilf mir wiegen mein Kindelein,
Gott, der wird dein Lohner sein,
im Himmelreich
der Jungfrau Sohn Maria.

Gerne, liebe Maria mein,
helf ich wiegen dein Kindelein,
Gott, der wird mein Lohner sein,
im Himmelreich
der Jungfrau Sohn Maria.

Süßer Jesu auserkor'n,
weißt wohl, dass wir war'n verlor'n,
still uns deines Vaters Zorn,
dich hat gebor'n
die reine Magd Maria.

Vom Himmel hoch, ihr Englein kommt

Vom Himmel hoch, ihr Englein, kommt!
Eia, eia, susani, susani, susani!
Kommt, singt und klingt, kommt pfeift und
trombt!
Alleluja, alleluja!
Von Jesus singt und Maria!

Kommt ohne Instrumente nit,
Eia, eia, susani, susani, susani!
Bringt Lauten, Harfen, Geigen mit!
Alleluja, alleluja!
Von Jesus singt und Maria!

Lasst hören euer Stimmen viel,
Eia, eia, susani, susani, susani!
Mit Orgel- und mit Saitenspiel!
Alleluja, alleluja!
Von Jesus singt und Maria!

Hier muss die Musik himmlisch sein,
Eia, eia, susani, susani, susani!
Weil dies ein himmlisch Kindelein.
Alleluja, alleluja!
Von Jesus singt und Maria!

Die Stimmen müssen lieblich gehn,
Eia, eia, susani, susani, susani!
Und Tag und Nacht nicht stille stehn.
Alleluja, alleluja!
Von Jesus singt und Maria!

Sehr süß muss sein der Orgel Klang,
Eia, eia, susani, susani, susani!
Süß über allen Vogelsang.
Alleluja, alleluja!
Von Jesus singt und Maria!

Das Saitenspiel muss lauten süß,
Eia, eia, susani, susani, susani!
Davon das Kindlein schlafen muss.
Alleluja, alleluja!
Von Jesus singt und Maria!

Singt Fried den Menschen weit und breit,
Eia, eia, susani, susani, susani!
Gott Preis und Ehr in Ewigkeit!
Alleluja, alleluja!
Von Jesus singt und Maria!

Tochter Zion, freue dich

Tochter Zion, freue dich!
Jauchze laut, Jerusalem!
Sieh, dein König kommt zu dir!
Ja, er kommt, der Friedensfürst.
Tochter Zion, freue dich!
Jauchze laut, Jerusalem!

Hosianna, Davids Sohn,
Sei gesegnet deinem Volk!
Gründe nun dein ewig' Reich,
Hosianna in der Höh!
Hosianna, Davids Sohn,
Sei gesegnet deinem Volk!

Hosianna, Davids Sohn,
Sei gegrüßet, König mild!
Ewig steht dein Friedensthron,
Du, des ew'gen Vaters Kind.
Hosianna, Davids Sohn,
Sei gegrüßet, König mild!

Es begab sich aber
zu der Zeit ...

Weihnachtsgeschichten

Martin Luther

Die Weihnachtsgeschichte nach Lukas

Es begab sich aber zu der Zeit, dass ein Gebot von dem Kaiser Augustus ausging, dass alle Welt geschätzt würde. Und diese Schätzung war die allererste und geschah zur Zeit, da Quirinius Statthalter in Syrien war. Und jedermann ging, dass er sich schätzen ließe, ein jeder in seine Stadt. Da machte sich auf auch Josef aus Galiläa, aus der Stadt Nazareth, in das jüdische Land zur Stadt Davids, die da heißt Bethlehem, weil er aus dem Hause und Geschlechte Davids war, damit er sich schätzen ließe mit Maria, seinem vertrauten Weibe; die war schwanger. Und als sie dort waren, kam die Zeit, dass sie gebären sollte. Und sie gebar ihren ersten Sohn und wickelte ihn in Windeln und legte ihn in eine Krippe; denn sie hatten sonst keinen Raum in der Herberge.

Und es waren Hirten in derselben Gegend auf dem Felde bei den Hürden, die hüteten des Nachts ihre Herde. Und der Engel des Herrn trat zu ihnen, und die Klarheit des Herrn leuchtete um sie; und sie fürchteten sich sehr. Und der En-

200

gel sprach zu ihnen: Fürchtet euch nicht! Siehe, ich verkündige euch große Freude, die allem Volk widerfahren wird; denn euch ist heute der Heiland geboren, welcher ist Christus, der Herr, in der Stadt Davids. Und das habt zum Zeichen: Ihr werdet finden das Kind in Windeln gewickelt und in einer Krippe liegen. Und alsbald war da bei dem Engel die Menge der himmlischen Heerscharen, die lobten Gott und sprachen: Ehre sei Gott in der Höhe und Friede auf Erden bei den Menschen seines Wohlgefallens.

Und als die Engel von ihnen gen Himmel fuhren, sprachen die Hirten untereinander: Lasst uns nun gehen nach Bethlehem und die Geschichte sehen, die da geschehen ist, die uns der Herr kundgetan hat. Und sie kamen eilend und fanden beide, Maria und Josef, dazu das Kind in der Krippe liegen. Als sie es aber gesehen hatten, breiteten sie das Wort aus, das zu ihnen von diesem Kinde gesagt war. Und alle, vor die es kam, wunderten sich über das, was ihnen die Hirten gesagt hatten. Maria aber behielt alle diese Worte und bewegte sie in ihrem Herzen. Und die Hirten kehrten wieder um, priesen und lobten Gott für alles, was sie gehört und gesehen hatten, wie denn zu ihnen gesagt war.

Hermann Löns

Der allererste Weihnachtsbaum

Der Weihnachtsmann ging durch den Wald. Er war ärgerlich. Sein weißer Spitz, der sonst immer lustig bellend vor ihm auf lief, merkte das und schlich hinter seinem Herrn mit eingezogener Rute her.

Er hatte nämlich nicht mehr die rechte Freude an seiner Tätigkeit. Es war alle Jahre dasselbe. Es war kein Schwung in der Sache, Spielzeug und Esswaren, das war auf die Dauer nichts. Die Kinder freuten sich wohl darüber, aber quieken sollten sie und jubeln und singen, so wollte er es, das taten sie aber nur selten.

Den ganzen Dezembermonat hatte der Weihnachtsmann schon darüber nachgegrübelt, was er wohl Neues erfinden könne, um einmal wieder eine rechte Weihnachtsfreude in die Kinderwelt zu bringen, eine Weihnachtsfreude, an der auch die Großen teilnehmen würden. Kostbarkeiten durften es auch nicht sein, denn er hatte so und so viel auszugeben und mehr nicht. So stapfte er denn auch durch den verschneiten Wald, bis er

202

auf dem Kreuzwege war, dort wollte er das Christkindchen treffen. Mit dem beriet er sich nämlich
immer über die Verteilung der Gaben.

Schon von Weitem sah er, dass das Christkindchen da war, denn ein heller Schein war dort. Das
Christkindchen hatte ein langes weißes Pelzkleid-
chen an und lachte über das ganze Gesicht. Denn
um es herum lagen große Bündel Kleeheu und
Bohnenstiegen und Espen- und Weidenzweige,
und daran taten sich die hungrigen Hirsche und
Rehe und Hasen gütlich. Sogar für die Sauen gab
es etwas, Kastanien, Eicheln und Rüben.

Der Weihnachtsmann nahm seinen Wolken-
schieber ab und bot dem Christkindchen die
Tageszeit. „Na Alterchen, wie geht's?", fragte das
Christkind. „Hast wohl schlechte Laune?" Damit
hakte es den Alten unter und ging mit ihm. Hinter ihnen trabte der kleine Spitz, aber er sah gar
nicht mehr betrübt aus und hielt seinen Schwanz
kühn in die Luft.

„Ja", sagte der Weihnachtsmann, „die ganze
Sache macht mir so recht keinen Spaß mehr. Liegt
es am Alter oder an sonst was, ich weiß nicht, ich
hab kein Fiduz mehr dazu. Das mit den Pfefferkuchen und den Äpfeln und Nüssen, das ist
nichts mehr. Das essen sie auf und dann ist das

Fest vorbei. Man müsste etwas Neues erfinden, etwas, das nicht zum Essen und nicht zum Spielen ist, aber wobei Alt und Jung singt und lacht und fröhlich wird."

Das Christkindchen nickte und machte ein nachdenkliches Gesicht; dann sagte es: „Da hast du recht, Alter, mir ist das auch schon aufgefallen. Ich habe daran auch schon gedacht, aber das ist nicht so leicht."

„Das ist es ja gerade", knurrte der Weihnachtsmann, „ich bin zu alt und zu dumm dazu. Ich habe schon richtiges Kopfweh von dem alten Nachdenken, und es fällt mir doch nichts Vernünftiges ein. Wenn es so weitergeht, schläft allmählich die ganze Sache ein, und es wird ein Fest wie alle anderen, von dem die Menschen dann weiter nichts haben als Faulenzen, Essen und Trinken."

Nachdenklich gingen beide durch den weißen Winterwald, der Weihnachtsmann mit brummigem, das Christkindchen mit nachdenklichem Gesichte. Es war so still im Walde, kein Zweig rührte sich, nur wenn die Eule sich auf einen Ast setzte, fiel ein Stück Schneebehang mit halblautem Ton herab. So kamen die beiden, den Spitz hinter sich, aus dem hohen Holze auf einen alten Kahlschlag, auf dem große und kleine Tannen standen. Das sah nun wunderschön aus. Der Mond schien hell und klar, alle Sterne leuchteten, der Schnee sah aus wie Silber und die Tannen standen darin, schwarz und weiß, dass es eine Pracht war. Eine fünf Fuß hohe Tanne, die allein im Vordergrunde stand, sah besonders reizend aus. Sie war regelmäßig gewachsen, hatte auf jedem Zweig einen Schneestreifen, an den Zweigspitzen kleine Eiszapfen, und glitzerte und flimmerte nur so im Mondenschein.

Das Christkindchen ließ den Arm des Weihnachtsmanns los, stieß den Alten an, zeigte auf die Tanne und sagte: „Ist das nicht wunderhübsch?"

„Ja", sagte der Alte, „aber was hilft mir das?"

„Gib ein paar Äpfel her", sagte das Christkindchen, „ich habe einen Gedanken."

Der Weihnachtsmann machte ein dummes Gesicht, denn er konnte es sich nicht recht vorstellen, dass das Christkind bei der Kälte Appetit auf die eiskalten Äpfel hatte. Er hatte zwar noch einen guten alten Schnaps in seinem Dachsholster, aber den mochte er dem Christkindchen nicht anbieten.

Er machte sein Tragband ab, stellte seine riesige Kiepe in den Schnee, kramte darin herum

205

und langte ein paar recht schöne Äpfel heraus. Dann fasste er in die Tasche, holte sein Messer heraus, wetzte es an einem Buchenstamm und reichte es dem Christkindchen.

„Sieh, wie schlau du bist", sagte das Christkindchen. „Nun schneid mal etwas Bindfaden in zweifingerlange Stücke und mach mir kleine spitze Pflöckchen."

Dem Alten kam das alles etwas ulkig vor, aber er sagte nichts und tat, was das Christkind ihm sagte. Als er die Bindfadenenden und die Pflöckchen fertig hatte, nahm das Christkind einen Apfel, steckte ein Pflöckchen hinein, band den Faden daran und hängte den an einen Ast.

„So", sagte es dann, „nun müssen auch an die anderen welche und dabei kannst du helfen, aber vorsichtig, dass kein Schnee abfällt!"

Der Alte half, obgleich er nicht wusste, warum. Aber es machte ihm schließlich Spaß, und als die ganze kleine Tanne voll von rotbäckigen Äpfeln hing, da trat er fünf Schritte zurück, lachte und sagte: „Kiek, wie niedlich das aussieht! Aber was hat das alles für'n Zweck?"

„Braucht denn alles gleich einen Zweck zu haben?", lachte das Christkind. „Pass auf, das wird noch schöner. Nun gib mal Nüsse her!"

Der Alte krabbelte aus seiner Kiepe Walnüsse heraus und gab sie dem Christkindchen. Das steckte in jedes ein Hölzchen, machte einen Faden daran, rieb immer eine Nuss an der goldenen Oberseite seiner Flügel und dann war die Nuss golden, und die nächste an der silbernen Unterseite seiner Flügel, und dann hatte es eine silberne Nuss, und hängte die zwischen die Äpfel.

„Was sagst' nun, Alterchen?", fragte es dann, „ist das nicht allerliebst?"

„Ja", sagte der, „aber ich weiß immer noch nicht –"

„Kommt schon!", lachte das Christkindchen. „Hast du Lichter?"

„Lichter nicht", meinte der Weihnachtsmann, „aber 'n Wachsstock!"

„Das ist fein", sagte das Christkind, nahm den Wachsstock, zerschnitt ihn und drehte erst ein Stück um den Mitteltrieb des Bäumchens und die anderen Stücke um die Zweigenden, bog sie hübsch gerade und sagte dann: „Feuerzeug hast du doch?"

„Gewiss", sagte der Alte, holte Stein, Stahl und Schwammdose heraus, pinkte Feuer aus dem Stein, ließ den Zunder in der Schwammdose zum Glimmen kommen und steckte daran ein paar

Schwefelspäne an. Die gab er dem Christkind-chen. Das nahm einen hell brennenden Schwefel-span und steckte damit erst das oberste Licht an, dann das nächste davon rechts, dann das gegen-überliegende, und rund um das Bäumchen ge-hend, brachte es so ein Licht nach dem andern zum Brennen.

Da stand nun das Bäumchen im Schnee; aus seinem halb verschneiten dunklen Gezweig sa-hen die roten Backen der Äpfel, die Gold- und Silbernüsse blitzten und funkelten und die gel-ben Wachskerzen brannten feierlich. Das Christ-kindchen lachte über das ganze rosige Gesicht und patschte in die Hände, der alte Weihnachts-mann sah gar nicht mehr so brummig aus, und der kleine weiße Spitz sprang hin und her und bellte.

Als die Lichter ein wenig heruntergebrannt waren, wehte das Christkindchen mit seinen goldsilbernen Flügeln, und da gingen die Lichter aus. Es sagte dem Weihnachtsmann, er solle das Bäumchen vorsichtig absägen. Das tat der, und dann gingen beide den Berg hinab und nahmen das bunte Bäumchen mit.

Als sie in den Ort kamen, schlief schon alles. Beim kleinsten Hause machten die beiden Halt.

208

Das Christkind machte leise die Tür auf und trat ein; der Weihnachtsmann ging hinterher. In der Stube stand ein dreibeiniger Schemel mit einer durchlochten Platte, den stellten sie auf den Tisch und steckten den Baum hinein.

Der Weihnachtsmann legte dann noch allerlei schöne Dinge, Spielzeug, Kuchen, Äpfel und Nüsse unter den Baum, und dann verließen beide das Haus ebenso leise, wie sie es betreten hatten.

Als der Mann, dem das Häuschen gehörte, am andern Morgen erwachte und den bunten Baum sah, da staunte er und wusste nicht, was er dazu sagen sollte. Als er aber an dem Türpfosten, den des Christkinds Flügel gestreift hatte, Gold- und Silberflimmer hängen sah, da wusste er Bescheid. Er steckte die Lichter an dem Bäumchen an und weckte Frau und Kinder.

Das war eine Freude in dem kleinen Hause, wie an keinem Weihnachtstage. Keines von den Kindern sah nach dem Spielzeug und nach dem Kuchen und den Äpfeln, sie sahen nur alle nach dem Lichterbaum. Sie fassten sich an die Hände, tanzten um den Baum und sangen alle Weihnachtslieder, die sie wussten, und selbst das Kleinste, was noch auf dem Arme getragen wurde, krähte, was es krähen konnte.

Vor dem Fenster aber standen das Christkindchen und der Weihnachtsmann und sahen lächelnd zu.

Als es helllichter Tag geworden war, da kamen die Freunde und Verwandten des Bergmanns, sahen sich das Bäumchen an, freuten sich darüber und gingen gleich in den Wald, um sich für ihre Kinder auch ein Weihnachtsbäumchen zu holen. Die anderen Leute, die das sahen, machten es nach, jeder holte sich einen Tannenbaum und putzte ihn an, der eine so, der andere so, aber Lichter, Äpfel und Nüsse hängten sie alle daran.

Als es dann Abend wurde, brannte im ganzen Dorfe Haus bei Haus ein Weihnachtsbaum, überall hörte man Weihnachtslieder und das Jubeln und Lachen der Kinder.

Von da aus ist der Weihnachtsmann über ganz Deutschland gewandert und von da über die ganze Erde. Weil aber der erste Weihnachtsbaum am Morgen brannte, so wird in manchen Gegenden den Kindern morgens beschert.

Simplizianischer Wundergeschichts-Calender, 1795

Der Christkindelsbaum

Zuerst will ich euch einen Christkindelsbaum beschreiben, dergleichen ihr in eurem Leben nicht gesehen habt, und die Pracht davon euch kaum werdet vorstellen können. Der stand nun mitten in einer Stube in der Ecke und seine Zweige waren so ausgebreitet, dass sie fast die Hälfte der Decke der Stube bedeckten und man darunterstand wie unter einer Sommerlaube. An allen Ästchen und Zweigen hingen nun allerhand kostbare Konditor- und Zuckerwaren, als: Engel, Puppen, Tiere und dergleichen, alles von Zucker: welches mit den Blüten des Baumes gar artig harmonierte. Ferner hing auch vergoldetes Obst, von allen Sorten, in großer Menge daran, sodass man unter diesem Baume wie in einem Speisegewölbe sich befand: Und es ist nur Jammerschade, dass nicht auch Schinken und Bratwürste (wovon ich ein großer Liebhaber bin) und Schwartenmägen, Ochsenfüße, nebst gebratenen Tauben dran hingen. In der Mitte dieses Magazins befand sich der Heilige Geist in seiner gewöhnlichen Gestalt, als

eine allerliebst schöne Taube von Zucker, zur Rechten hing das Christkindlein und zur Linken seine Mutter – gar niedlich anzusehen, und alles von Zucker, sodass ich beide, die Jungfer Maria nebst ihrem Kinde, vor Liebe wohl hätte fressen mögen, wenn es wäre erlaubt gewesen. Endlich war der ganze Baum, mit allen seinen Zweigen und Früchten, mit einem goldenen Netz, das von vielen tausend vergoldeten und an Schnüre gereihten Haselnüssen gar künstlich zubereitet war, überzogen, und mit Girlanden und Bandelotten wie an einem Kronleuchter geziert. Zwischen all diesen Kostbarkeiten leuchteten eine unzählige Menge Wachslichtlein hervor, wie Sterne am Himmel, welches ein prächtiger Anblick war.

Gustav Freytag

Wenn die Lichter brannten

Viele Wochen vor Weihnachten sind die Knaben in emsiger Tätigkeit, denn als ein Hauptschmuck des Festes wird nach Landesbrauch das Krippel aufgestellt, Bilder der Krippe, in der das Kindlein liegt, mit Maria und Joseph, den Heiligen Drei Königen, den anbetenden Hirten mit ihren Schafen und darüber der glitzernde Stern und Engel, welche auf einem Papierstreifen die Worte halten: „Gloria in excelsis". Die Figuren kauften die Kleinen auf Bilderbogen, schnitten sie mit der Schere aus und klebten ein flaches Hölzlein mit Spitze dahinter, damit die Bilder in weicher Unterlage hafteten. Der Heiligen Familie aber, dem Ochsen und Eselein wurde ein Papphaus mit offener Vorderseite verfertigt, auf dem Dach Strohhalme in Reihen befestigt, der Stern war von Flittergold. Das Waldmoos zu dem Teppiche, in welchen die Figuren gesteckt wurden, durften wir aus dem Stadtwald holen. Dorthin zog an einem hellen Wintertage die Mutter mit den Kindern, begleitet von einem Manne, der auf einer Radeber den

213

Korb für das Moos fuhr. Es war zuweilen kalt und die Schneekristalle hingen am Moose, aber mit heißem Sammeleifer wurden die Polster an den Waldrändern abgelöst und im Korbe geschichtet, daheim auf einem großen Tisch zusammengefügt und an zwei Ecken zu kleinen Bergen erhöht. In der Mitte des Hintergrundes stand die Hütte, über ihr schwebte an seinem Drahte der Stern, auf den beiden Seiten hatten die Hirten und Herden mit den Engeln zu verweilen. Die ganze Figurenpracht wurde durch kleine Wachslichter erleuchtet, welche am Weihnachtsabend zum ersten Mal angesteckt wurden.

Wenn die Lichter brannten und die Engel sich bei leichter Berührung wie lebendig bewegten, dann hatten die Kinder zum ersten Mal das selige Gefühl, etwas Schönes verfertigt zu haben. Während des Festes wurden dann ähnliche Arbeiten kleiner und erwachsener Künstler besehen, denn fast in jedem Haushalt stand ein Krippel, und mancher wackere Bürger benutzte seine Werkstatt, um dasselbe durch mechanische Erfindungen zu verschönen; man sah auf den Bergen große Windmühlen, deren Flügel durch rollenden Sand eine Zeitlang getrieben wurden, oder ein Bergwerk mit Grubeneinfahrt, in welchem

214

Eimer auf und ab gingen, und häufig stand ganz im Vordergrund ein schwarz und weiß gestrichenes Schilderhaus mit rotem Dach und davor die preußische Schildwache. Aber diese Zusätze waren dem Knaben niemals nach dem Herzen, er hatte die dunkle Empfindung, dass sie sich mit den Engeln und den Heiligen Drei Königen nicht recht vertragen wollten.

Robert Reinick

Der schmelzende Koch

Es war im Monat Januar. Tagelang war dichter Schnee gefallen und lag nun fast ellenhoch im Hofe und auf den Dächern, so weiß und rein, so zart und glänzend, dass, wenn man darauf hinsah, einem die größte Lust ankam, sich hineinzulegen, hätte man nicht gewusst, dass es sich eben nicht sehr behaglich darin liege. Endlich teilten sich die Wolken, der blaue Himmel schaute freundlich wieder hervor und lockte auch gleich drei lustige Kinder, zwei Knaben und ein Mädchen, aus der engen Stube in den Hof hinaus. Die wateten nun munter in dem tiefen Schnee, warfen sich mit Schneebällen, fuhren einander auf dem Schlitten und bekamen vor Vergnügen und Kälte die frischesten roten Backen und fast ebenso rote Hände.

„Seht", rief der Älteste, „der Schnee lässt sich herrlich kneten, jetzt ist gerade die rechte Zeit, einen Schneemann zu machen."

„Ja! Ja! Einen Schneemann!", riefen die anderen und machten sich sofort daran, einen aufzubauen.

216

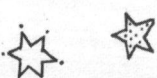

„Soll's ein Koch oder eine Köchin werden?", fragte das Mädchen.

„Ein Koch! Ein Koch!", war die Antwort. „Ein Schneemann ist viel hübscher als eine Schneefrau, die ist plump und hat keine zwei Beine."

So ward denn die Statue eines Koches aufgerichtet und stand in wenigen Stunden da, viel weißer und stattlicher als der magere Koch, den der Gutsbesitzer sich kürzlich aus Paris mitgebracht, der ging zwar auch immer in Weiß gekleidet, aber sah doch oft recht schmutzig aus.

Nun will ich euch einmal den schönen Schneemann beschreiben, den die Kinder sich aufbauten.

Seine Beine bestanden aus zwei plumpen Säulen, die eher einem Paar Elefantenbeinen als menschlichen Gliedmaßen ähnlich sahen. Darauf ruhte der Leib, ein großer, dicker Schneeklumpen. Wo seine Brust aufhörte und wo der Bauch anfing, wäre schwer zu erkennen gewesen, hätte nicht das Mädchen ihm ihre Schürze umgebunden, denn ein Koch ohne Schürze ist kein rechter Koch. Nun sollte er aber auch noch ein paar alte hölzerne Löffel im Gürtel haben. Doch weil diese ihm immer wieder herunterfielen, wurden sie unbarmherzig in den Bauch hineingebohrt, wo sie denn auch recht fest steckten. Ganz vorzüglich war der Kopf des Schneemanns geraten, obgleich man die Nase nicht wohl erkennen konnte, weil sie nicht hatte ankleben wollen. Dafür aber hatte der Mann große kohlpechrabenschwarze Augen (denn es waren wirkliche Kohlen) und schöne ziegelrote Lippen (denn sie waren aus einem Paar wirklichen Ziegelscheiben zusammengesetzt). In diesen Lippen steckte eine wirkliche, schwarz gerauchte, irdene Pfeife, die der Hausknecht erst vor einer Stunde auf den Kehricht geworfen, weil sie keine Luft mehr gehabt. Endlich ward der Statue noch als Mütze ein alter Kochtopf gerade auf den Kopf gestülpt, der ihr denn ein äußerst ehrwürdiges Ansehen gab. Über die Arme und Hände wollen wir aber nicht viel sprechen, die waren weniger gelungen und bröckelten immer ab.

Das gab einen prächtigen Anblick, wie der dicke weiße Kerl fix und fertig in dem hellen Sonnenschein glänzend dastand.

Aber trotz seiner kohlschwarzen Augen, trotz seiner ziegelroten Lippen, trotz Pfeife und Kochtopf machte der Schneemann noch immer ein sehr unzufriedenes und zerrissenes Gesicht, so viel die Kinder auch daran herumgeknetet hatten. Ein geheimer Kummer schien an seinem Innern zu nagen.

218

„Schneemann, bist du denn nicht zufrieden?“, rief das Mädchen, nachdem sie sein Gesicht längere Zeit betrachtet hatte.

Der Schneemann schwieg und sah nach wie vor verdrießlich aus.

„Ich weiß, was ihm fehlt“, sprach der älteste Knabe. „Er ist ein Koch und hat keinen Herd. Kommt her, den müssen wir noch bauen!“

Und rasch trugen sie Steine zusammen und bauten vor dem Schneemann einen Herd.

„Schneemann, bist du nun zufrieden?“, riefen die Kinder, aber der schwieg und sah brummig aus, nach wie vor.

„Aha, auf den Herd gehören Töpfe, die sollst du haben“, sprach das Mädchen und holte rasch einige Scherben vom Kehrichthaufen und stellte sie auf die Steine; aber der Schneemann sah unzufrieden aus, nach wie vor.

„Jetzt will ich euch sagen, was ihm fehlt“, sprach der jüngere Knabe. „Er will kochen und hat kein Feuer, und dazu friert ihn auch. Kommt, lasst uns Feuer holen!“

Rasch brachten sie nun Späne aus der Küche herbei, steckten sie an, und bald brannte ein großmächtiges Feuer vor dem Schneemann auf dem Herd.

„Nun, Alter", riefen die Kinder, „ist dir doch endlich wohl, nicht wahr?" Und siehe da, die zerrissenen Gesichtszüge des Schneemanns veränderten sich wirklich, seine Mienen wurden milde und weich, die Lippen gingen ihm auseinander, die Pfeife fiel ihm aus dem Munde.

„Seht! Seht! Endlich ist er zufrieden", jubelten die Kinder. „Seht, wie gerührt er ist, wie ihm die Tränen über die Backen laufen!"

Und so war es auch wirklich, der gute Schneemann war so gerührt, wie kein Mensch es jemals werden kann. Nicht nur die Tränen liefen ihm über die Backen, er triefte auch am ganzen Leibe, die Augen fielen ihm aus dem Kopf, die Lippen aus dem Gesicht, die Kochlöffel aus der Brust, mit einem Wort, der ganze Koch zerschmolz in Wasser. In kurzer Zeit war von ihm nichts übrig als ein nasser Fleck, zwei schwarze Kohlen, einige Scherben und die alte, schmutzige Tabakspfeife. Das war das rührende Ende des Schneemanns.

Ob die Kinder wohl auch vor Rührung darüber Tränen vergossen haben?

Nein! Auch nicht eine einzige! Im Gegenteil, sie lachten aus vollem Halse darüber, denn sie hatten sich einen lustigen Spaß gemacht und sich königlich daran vergnügt.

Marie von Ebner-Eschenbach

Das Weihnachtsfest war nahe

Das Weihnachtsfest war nahe, wir konnten die Tage bis zum 24. Dezember schon an den Fingern abzählen, als sich etwas begab, das uns in die größte Aufregung versetzte. Vor unsern Nasen gleichsam verschwanden unsere Puppen. Auf einmal waren alle fort. Eine vollständige Puppenauswanderung hatte stattgefunden.

Das Bett, in das Fritzi gestern noch ihre älteste Tochter, die große Christine, schlafen gelegt hatte – leer. Die Angehörigen Christinens hinweggefegt, als ob sie nie da gewesen wären. Meine blonde Fanchette, die freilich von der Blondheit nur noch den Ruf besaß – denn eine geduldige Friseurin war ich nicht –, ebenfalls unauffindbar. Wir kramten vergeblich nach ihr in unsern Laden, durchforschten alle Schränke und Winkel. Wir liefen ins Kinderzimmer und klagten die armen kleinen Brüder des Raubes unserer Puppen an. Dass wir auch im vorigen Jahre kurze Zeit vor Weihnachten denselben Jammer erlebt und dann unter dem Christbaum ebenso viele Puppen, als wir vermisst hatten, mit glänzend lackierten Gesichtern, reichem Gelock und schön gekleidet sitzen sahen, fiel uns nicht ein. Oh, wir waren dumme Kinder! Ich glaube nicht, dass es heutzutage noch so dumme Kinder gibt.

Pepinka, ärgerlich über die Nachgrabungen, die wir nun auch in dem von ihr beherrschten Reiche zu unternehmen begannen, ließ sich zu einem unvorsichtigen Worte hinreißen: „Geht, geht! Sucht eure Puppen dort, wo sie sind."

„Weißt du, wo sie sind? … Ja, ja, du weißt es! Wo sind sie?" Wir ließen nicht nach, gaben ihr keine Ruhe, bis sie endlich, um uns loszuwerden, sagte: „Die kleine Greislerin hat sie gestohlen. Grad ist sie mit der Christine über die Gasse gelaufen."

Gestohlen also! Unsere Kinder gestohlen! Durch die kleine Greislerin – oh, das leuchtete uns ein. Der konnte man alles Schlechte zutrauen. Ihre Mutter hatte einen Laden, gerade unter einem der Fenster des Kinderzimmers. Wir kauften dort die Glas- und Steinkugeln, mit denen wir eine Art Kriegsspiel spielten. Von der Mutter erhielten wir immer fünf Stück für einen Kreuzer, von der Tochter nur drei. Genügte das nicht, um uns ein Licht aufzustecken über das

ganze Wesen dieser Person? Sie, natürlich, war die Puppenentführerin, sie lief herum mit der Christine, an ihr musste Rache genommen werden. Es musste! Ich war Feuer und Flamme dafür und es gelang mir, meine Schwester davon zu überzeugen. Auch die sanfteste Mutter kann grausam werden, wenn es Kindesraub zu bestrafen gilt. Am liebsten würden wir die Missetäterin durchgeprügelt haben – woher aber die Gelegenheit dazu nehmen? Sie bei der Frau Greislerin verklagen? Ach, die tut ihr nichts, die fürchtet sich selbst vor ihr. Was also soll geschehen? Was für ein Gesicht soll unsere Rache haben? Ein schwarzes!, machten wir endlich aus. Es war beschlossen, was der Diebin geschehen soll: Wir werden ihr Tinte auf den Kopf gießen.

Pepi war ins Nebenzimmer zu den Kleinen gegangen und hatte die Tür geschlossen; wir glaubten unser nichtsnutziges Vorhaben ungestört ausführen zu können. Ich holte eilends das Fläschchen herbei, das unsern Tintenvorrat enthielt; wir schoben in das Fenster, unter dem der Greislerladen sich befand, einen Schemel und bestiegen ihn. Fritzi öffnete den inneren Fensterflügel und mit Mühe nur ein wenig den äußeren, und ich steckte den mit der Tintenflasche bewaffneten Arm durch den Spalt. Jetzt – hinunter mit dem Guss! Hinunter auf die Greislerin, die natürlich nichts Besseres zu tun hat, als dazustehen und ihm ihr schuldiges Haupt darzubieten.

Die spanische Armada war einst nicht siegesgewisser ausgezogen als wir zu unserer Unternehmung – und ihr Schicksal teilten wir. Die Elemente erhoben sich wider uns. Es stürmte an dem Tage im Rotgässchen wie anno 1588 auf dem Atlantischen Ozean, und noch dazu gab's ein Gestöber von weichem Schnee. Ein Windstoß entriss meiner Schwester den Fensterflügel und schlug ihn gleich darauf so schnell wieder zu, dass ich kaum Zeit hatte, meinen ausgestreckten Arm zurückzuziehen und das Tintenfläschchen vor dem Sturze zu retten. Sein Inhalt übersprühte die Glasscheibe, tropfte, mit Schnee und Regen vermischt, vom Fenstersimse herab, umhüllte meine Finger mit der Farbe der Trauer.

Laut und lebendig gestaltete sich der Schluss des ganzen Abenteuers. Pepinka musste etwas von unserm Treiben vernommen haben, denn plötzlich stürzte sie herbei. Ihr Antlitz glich dem rot aufgehenden Monde, ihre Haubenbänder flogen – ich weiß noch recht gut, dass sie eidottergelb waren.

 224

„Ihr Verdunnerten!", rief sie. „Jesus, Maria und Josef! Fenster aufreißen, mitten im Winter! Was fällt euch ein, ihr, ihr ..." Der Rest sei Schweigen. Mögen die Ehrentitel, mit denen sie uns ausstattete, der Vergessenheit anheimfallen. Sie bildeten eine relativ milde Einleitung zu den in prophetischem Tone ausgesprochenen Worten: „Ihr könnt euch freuen. Gleich wird die Polizei über euch kommen!"

Da war mit einem Mal alles erloschen, jeder Funke des Hasses gegen die Greislerin und bis aufs letzte Flämmchen unsere lodernde Racheglut. Nur noch einen heißen Wunsch hatten wir, nur mit einer Bitte bestürmten wir Pepinka: „Nur die Polizei nicht hereinlassen! Nur der Polizei nicht erlauben, dass sie komme, uns „einzuführen"!

Fanny Lewald

Der erste Schnee

Für die Zeiteinteilung der Erwachsenen, welche ihre Tage zu Wochen, Monaten und Jahren versammeln, und nach diesen, wie der Kalender es lehrt, vor- und rückwärts zählen, hat das Kind lange Jahre hindurch weder die Fähigkeit noch den Sinn. Es rechnet nach den Jahreszeiten und nach seinen Festen, und wer ihm diese letzteren zu vermehren weiß, kommt seinem Gedächtnis ungemein zu Hilfe, während man dem Kinde dadurch zugleich den dunkeln Horizont seiner Erinnerungen und seiner Zukunft mit lichten Sternen erhellt. An Festen aber waren wir sehr reich.

Neben den Geburtstagen und dem Hochzeitstag der Eltern, an denen immer Gesellschaft im Hause war und für die wir von früh auf etwas lernen und tun mussten, hatten wir unsere eigenen Geburtstage zu feiern, und außer den allgemeinen Feiertagen noch den ersten Schnee und den ersten Adventssonntag, als Merksteine für unsere Kindheit.

Der erste Schnee fällt aber in Preußen oft schon in der ersten Hälfte des Oktobers, und wir konnten an nebligen und regnigen Tagen manchmal gar nicht von den Fenstern fortkommen, weil wir immer hofften, heute werde und müsse der erste Schnee fallen und dann werde am Abende, wenn der Vater heraufkäme, die „große Schachtel" gezeigt werden, die wir eben nur einmal im Jahre, nur beim ersten Schneefall zu sehen bekamen. Ich glaube, kein ägyptischer Priester hat jemals sorgfältiger auf das Steigen des Nils geachtet als wir Kinder auf den Fall des ersten Schnees. War das Jahr mild oder trocken, ließ der Schnee auf sich warten, so reichte das leiseste Flöckchen in der Luft dazu hin, uns alle mit dem Ausruf: Es schneit! in die Wohnstube zu treiben. Aber das half uns gar nichts, und mit der Weisung, dass solch ein Gekrümel in der Luft nicht zähle und dass es ordentlich schneien müsse, ehe die Schachtel erscheinen könne, wurden wir zu neuem Warten, zu neuem Hoffen und dadurch zu erhöhter Freude gesteigert, wenn dann wirklich die weißen dicken Flocken in reicher Fülle von dem dunklen Himmel niederfielen, wenn die schwarzen durchregneten Straßen, wenn die Dächer und die Wolme und die Bleche vor den Fenstern sich dick mit Schnee bedeckten, aus dessen weißem Glanze uns die Aussicht auf die ersehnten Herrlichkeiten entgegenblinkte.

„Ist's bald sieben Uhr?", fragten die Kinder dann den ganzen Nachmittag, während zum ersten Male in dem Jahre die Äpfel zum Braten in die Röhre gelegt wurden und ihr Schmoren und ihr Duft die beginnende Feier verkündeten. Die Zeit wurde uns immer erschrecklich lang, aber nicht eine Minute davon wurde uns erlassen, und erst um sieben Uhr gingen wir hinunter, wo die Eltern dann schon die „Schachtel" herausgenommen und auf dem Tisch vor dem Sofa hingestellt hatten.

Und was war, was enthielt diese Schachtel, auf die wir uns durch ein ganzes Jahr hindurch freuten, die wiederzusehen mir Vergnügen machte, als ich schon zwölf, dreizehn Jahre alt und sehr verständig war, und aus welcher irgendein Stück vor Augen zu bekommen mir heute das Herz mit großer Rührung füllen würde?

Die Schachtel war nichts als eine kleine Seitenschieblade aus dem Sekretär meines Vaters, und sie enthielt nichts als einige Angedenken, welche er darin aufbewahrte. Es lag darin ein rotes Maroquinbuch, in dem unsere Geburtstage, unsere Krankheiten, der Anfang unseres Schulbesuchs –

  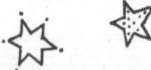

228

mit einem Worte die Hauschronik verzeichnet war. Es lagen darin in goldenen Kapseln die Bilder meiner Eltern als Brautleute gemalt, ein Hochzeitscarmen meiner Eltern, ein grünseidener, mit einer Inschrift versehener Vorhang, der unser Bild verhüllt hatte, als die Mutter es dem Vater zum Geburtstag geschenkt. Es lagen darin einer jener silbernen Becher, die zum Andenken der Schlacht von Kunersdorf aus Rubeln gefertigt worden waren; es lagen darin Gedichte, welche August Lewald bei meinem ersten Geburtstage an die Eltern gerichtet, desgleichen Brieftaschen, Börsen, Uhrbänder, welche Schwestern und Bekannte meines Vaters gehäkelt und gestickt und die er nie getragen hatte – kurz es lagen Kleinigkeiten darin, wie jede nur einigermaßen bemittelte Familie deren ähnliche besitzt, es lag ein Schatz darin, den jede Familie sich für ihre Kinder ansammeln kann, wenn sie den Sinn hat, ihren Kindern auf die leichteste Weise unvergessliche Freuden zu bereiten.

Unsere ganz kleine Vergangenheit wurde uns von den Eltern vor dieser Schieblade unwillkürlich rekapituliert. Wir hörten es mit Entzücken, an welchem Tage und in welcher Stunde wir geboren worden waren. Wir amüsierten uns damit, wie schlecht wir noch im vorigen Jahre die Gratulationsgedichte zu der Eltern Geburtstagen geschrieben, wir lernten die Jugendfreunde und Bekannten der Eltern an den kleinen Angedenken kennen, und was mehr als dies alles war: Wenn wir die ersten Bratäpfel verzehrten, hatten wir das Bewusstsein, ein großes Fest gefeiert zu haben, und fingen in aller Stille an, uns schon wieder auf den ersten Schnee des nächsten Jahres zu getrösten.

Unsere Freude an dem ersten Adventssonntage hatte einen noch viel geringeren Anlass. Sie beruhte auf einem kleinen Spielzeug, welches aus zwei, auf grobe Holzsplitter gesteckten vergoldeten Äpfeln bestand, die mit ein paar Sträußchen Buxbaum und einem oder zwei aus grobem Ton geformten Vögelchen verziert waren. Welche aber nur die Fantasie von Kindern für Vögel zu halten imstande war. Die ganze Pyramide kostete vielleicht sechs Pfennige, aber – und darauf beruht ein großer Teil der Freude in dem Kinde – wir liebten sie, weil sie nur in der Adventswoche zu kaufen war, weil wir sie alle Jahre zum ersten Advent geschenkt bekommen hatten, weil wir sicher waren, dass man sie uns immer wieder schenken würde, und weil sie uns auf solche Weise über-

230

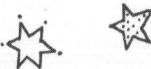

haupt zu einem Sinnbild der herannahenden Weihnachtszeit geworden war. Sie war uns eine wundervolle Verkündigung, und der Engel, welcher mit seinem Lilienstängel vor der Jungfrau erschien, um ihr die Geburt des Erlösers zu verkünden, konnte sie nicht glücklicher machen als uns der Anblick unserer Eltern, wenn sie abends, vom Ausgehen heimkehrend, uns die ersten Pfeffernüsse und die Äpfelbäumchen in das Zimmer brachten. Es umfloss sie ein wahrer Goldglanz von Hoffnungen, alles, was wir erwünschten und erwarteten, trat in unsern Gesichtskreis, und nun, von diesem ersten Adventssonntage ab, fingen wir zu zählen an, bis endlich mit dem Weihnachtsabende die helle Glückssonne für uns aufging, deren Strahlen uns durch das ganze Jahr nicht zu leuchten aufhören sollten.

Friedl Off

Das neugierige Weihnachtsengerl

Wenn zur Weihnachtszeit die ersten Schneeflocken auf die Erde fallen, schickt das Christkind viele tausend Engelchen mit. Sie haben den Auftrag, zu schauen und zu horchen, ob die Kinder lieb und brav sind und am Abend, ohne viel zu maulen, in ihre Betten gehen.

An einem Abend im Advent saß ich in meinem großen Lehnstuhl und dachte nach, womit ich dem Christkind eine Freude machen könnte. Draußen war es schon dunkel und ganz leise schwebten unzählige Schneeflocken auf die Bäume und Häuser nieder.

Plötzlich hörte ich ein Geräusch, als ob etwas in den Schnee gefallen wäre. Verwundert stand ich auf, öffnete die Tür zur Terrasse und schaute nach, was passiert sein könnte.

Da sah ich, direkt unter dem Kinderzimmerfenster, ein ganz kleines Weihnachtsengerl im Schnee sitzen. Es hatte dicke Pausbacken und sein Näschen war rot von der Kälte. Leise ging ich zu ihm hin. Aber es war so damit beschäftigt,

232

den Schnee von den winzigen goldenen Flügeln abzuschütteln, dass es mich gar nicht bemerkte. Erst als es versuchte aufzustehen, sah es mich.

„Pst", sagte es und legte den Finger auf den Mund. „Pst, du musst ganz leise sein, damit uns niemand hört. Ich komme nämlich vom Christkind und muss nachschauen, ob die Kinder brav sind."

Ich nickte. „Aber da unten, auf dem Boden, kannst du es doch nicht sehen", flüsterte ich.

Da erwiderte es etwas verlegen: „Ich bin doch vom Fensterbrett heruntergefallen. Vor lauter Schauen und Horchen und ein bisserl Neugierigsein bin ich plötzlich ausgerutscht und in den Schnee gepurzelt. Hoffentlich sind meine Flügel noch in Ordnung!"

Es versuchte aufzufliegen. Aber erst beim dritten Mal gelang es ihm. Darüber war es unwahrscheinlich froh. Ohne Flügel hätte es gar keinen Weihnachtsdienst mehr machen können. Das wäre sehr traurig gewesen, denn das ganze Jahr über hatte es sich so darauf gefreut.

Gemeinsam haben wir dann das Laternchen gesucht und ich habe ihm geholfen, es wieder anzuzünden. Nachdem es noch einmal nachgeschaut hatte, ob die Kinder schlafen, flog es wie eine Feder davon, um dem Christkind Bericht zu erstatten.

„Danke fürs Helfen!", hörte ich es von oben rufen.

„Behüt dich Gott, Engerl!", flüsterte ich ihm nach. Es durfte mich ja niemand hören. Dann schlich ich mich ins Wohnzimmer zurück und schaute ihm vom Fenster aus nach, wie es immer höher in den Himmel flog, und ich glaubte, ein paar Mal hat es mit seiner Laterne zurückgewinkt.

Rudolf Binding

Das Peitschchen

Eine Weihnachtsgeschichte, drei Kindern erzählt

Als das Jesuskind durch Flandern zog – und es kannte wohl die ganze Welt –, kam es mitsamt seiner Mutter in der großen Stadt Gent am Morgen eines Weihnachtstages an. Die ganze Stadt war für das Fest gerüstet. Auf den Straßen drängten sich die Menschen, um auf den Märkten und in den Läden die neuesten und letzten Herrlichkeiten zu erwischen, mit denen sie ihren Angehörigen und ihrem Gesinde am Abend eine Freude machen könnten. Vor der großen Kirche St. Baafs, die wie ein gewaltiger grauer Magnetberg über die Stadt und die Menschen emporragte, die Häuser um sich versammelt hielt und die Menschenströme in sich hineinzog, war ein Weihnachtsmarkt errichtet, und die Pfefferkuchenstände, die Buden mit bunten Likören, mit Christbaumschmuck und Kerzen, mit Zinnsoldaten und Zinnlöffeln, mit Pfeifen, Trompeten und allerhand Kinderspielzeug standen hübsch in Reihen geordnet und einträchtig nebeneinander.

Da es noch früh am dämmrigen Morgen war, die Leute vom Lande jedoch, um nichts zu versäumen und einen möglichst langen Tag des Betrachtens und Auswählens vor sich zu haben, schon in die Stadt hereinwogten, brannten in allen Ständen über den Auslagen die Lampen, und die Verkäufer brachten die erste Ordnung in ihre Sachen, die der vorangegangene Tag etwas in Unordnung gebracht hatte.

Gerade am Zugang zum Hauptportal der Kirche behauptete ein großer Spielwarenstand seinen Platz. Da waren Trommeln und Trompeten, Reifen und Kreisel, bunte Glasklicker, Puppen und Kegel, kleine Männchen, die in Glasröhren in einer rosa Flüssigkeit auf- und niederstiegen, wenn man die Röhre in die Hand nahm, Mundharmonikas und winzige Drehorgeln, die das „Ehre sei Gott in der Höh" in kleinen Tönen von sich gaben, wenn man leise die Kurbel drehte. Und gerade hing eine Magd ein buntes Gedränge von blauen, roten und grünen Luftballons, alle eben neu mit Gas gefüllt und prall, dass sie knirschten, wenn sie aneinanderstießen, an der Ecke der Bude auf, und darunter hing sie ein ganzes Bündel kleiner Peitschen mit geflochtenen Schnüren aus weißem, zartem Leder, gelben

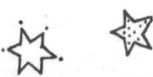

Schmitzchen und bunten Stielen. Jeder Stiel endete in ein rotes Pfeifchen aus Kirschenholz.

Im Hintergrund der Bude aber hinter den langen Brettern und Tischen, auf denen alle die schönen Sachen ausgelegt waren, standen drei Kinder, so blond und auch wohl so alt wie ihr, denen diese Geschichte erzählt wird. Ihre Mutter war die Eigentümerin des Spielwarenstandes. Da sie zu so früher Stunde nicht auf Käufer hoffen konnte, war sie noch nicht zur Stelle, sondern hatte es der Magd überlassen, die Auslage zu besorgen; und diese hatte die Kinder mitgenommen. Da standen sie nun, und während sie teilnahmvoll und neugierig guckten, wie die Magd immer neue Reichtümer und Herrlichkeiten auspackte und zum Verkauf ordnete, begannen in ihren Herzen Wünsche hin und her zu wogen und süße Qualen auf und ab zu ziehen, welcher Gegenstand von allen ihnen wohl am besten gefiele, damit sie ihn sich von ihrer Mutter selbst als Weihnachtsgabe ausbitten könnten. Denn das wussten sie vom letzten Jahr und gedachten es auch diesmal dahin zu bringen, dass ihre Mutter jedem von ihnen erlaubte, sich aus der Fülle der Dinge etwas herauszuwünschen. „Wenn es am Abend nicht verkauft ist", pflegte dann die Mutter zu sagen; denn der

geringe Erlös aus dem Spielzeug ließ es nicht zu, dass sie die Dinge von vornherein für sie beiseitestellte. Und dann zitterten die Kinder den ganzen Tag um den gewünschten Gegenstand, und jedes Mal, wenn ein Käufer herantrat, stieg ihnen das Blut zu Kopf, und sie fühlten ihr Herz schlagen. Ging er dann weg, ohne, wie sie meinten, ihren Gegenstand entdeckt zu haben, waren sie glücklich. Aber beim nächsten wiederholte sich die Pein.

„Das vorige Jahr hatte ich mir eine Puppe gewünscht", sagte das eine Mädchen, „aber nach wenigen Tagen zerbrach sie. Ich wünsche mir etwas anderes diesmal." Dann trat wieder Schweigen und Überlegen ein. Keines wollte sich verraten. „Eigentlich wäre ein Kreisel sehr schön", sagte das ältere Mädchen, „er zerbricht nicht. Ich sehe Dinge gern, die tanzen und sich drehen." Alle drei guckten nach einem großen Haufen bunt bemalter, harter Kreisel, die eben aus einem Sack hüpften, den die Magd auf den Tisch stülpte. – „Ich wünsche mir einen Kreisel und ein Peitschchen dazu", sagte die Älteste, die mit sich im Reinen war.

Die andern fanden die Idee auf einmal herrlich. „Ich wünsche mir auch einen Kreisel und ein

238

Peitschchen", sagte das zweite Mädchen, als ob sie nicht gesonnen wäre zurückzustehen.

„Ich auch", sagte der Junge, dem es genug war, dass die älteren Schwestern entschieden hatten. Und alle drei guckten eifrig und prüfend nach dem Haufen Kreisel auf dem Tisch und nach dem Bündel Peitschchen, das von der Ecke der Bude herabhing.

„Während der Kreisel Schwung hat und sich dreht, kann man pfeifen", bemerkte der Junge und fand dies sehr beachtlich. Das Pfeifchen am Peitschenstiel musste doch seinen Sinn haben. „Und dann versetzt man dem Kreisel wieder einen. Und dann pfeift man wieder."

„Wer am besten kreiseln kann, kann am besten pfeifen", sagte die Älteste.

„Wenn wir alle drei zugleich pfeifen –!" Dies sagte die Jüngere, sah mit großen Augen in die Ferne und hatte offenbar eine wundervolle Erscheinung.

Während sie so schwatzten, kam inmitten der Menge des Volkes, das der Kirche zuströmte, das Jesuskind daher. Es war damals schon größer und saß rittlings auf dem treuen Esel, der von den vielen Fahrten – nach Ägypten und in aller Welt umher – nicht mehr ganz frisch war und mit kleinen,

andächtigen Schritten in der Menge trippelte. Dem Jesusknaben ging das zu langsam. Vergebens zauste er das Eseltier mit seinen kleinen Händen im zottigen Fell, stieß es mit den Beinchen in die Seiten oder suchte es durch kleine Zurufe zu ermuntern. Der Esel blieb in seinem Gang, und die Jungfrau Maria, die lächelnd hinter ihrem Kinde schritt, trieb ihn nicht an.

Wie sie nun in diesem Aufzuge, oftmals gehemmt durch ein sanftes Stehenbleiben des Tieres, vor dem Spielwarenstande anlangten, gewahrte Jesus an der Ecke das Bündel Peitschchen, ergriff, indem er seinen Esel darunter hinwegtrieb, als rechter Herr der Welt eines am Stiel und zog es ohne viel zu fragen aus der Schlinge, in der es mit seinen Kameraden aufgehangen war. Dann schwang er es lustig über seinem Reittier.

„Halt" Nicht!", rief die Magd, und auch die Kinder wollten Halt! Nicht! rufen und krausten die Gesichter. Aber sie brachten keinen Ton aus den Kehlen. Das Jesuskind blickte sie nur aus seinen unergründlichen Augen einmal freundlich und sieghaft an. Da war es, als ob es um sie geschehen wäre. Der Atem stockte ihnen, alle drei griffen nacheinander, als müssten sie sich an etwas festhalten, und in einer süßen Bangigkeit

240

der Herzen folgten sie mit den Augen dem wundersamen Knaben, der sie mit einem einzigen Blick in seinen Bann getan hatte, wie sie wohl selbst ein paar Wasserkäfer in ein Glas steckten.

„Wer ist denn das?", fragten sie einander leise, ohne sich anzusehen. Und als nun gar noch eine überirdische hohe Frau an ihnen vorüberzog und sie mit einem seltsam fremden Gruß zu streifen schien und es ihnen so ganz weihnachtlich zumute wurde, da sagte die Älteste vorsichtig:

„Es könnte beinahe das Christkind gewesen sein." „Was du nur immer hast!", sagte die Jüngere und war dabei froh, dass ihr die Schwester eine plausible Erklärung für den Zustand ihrer Sinne unter den Fuß gegeben hatte. „Natürlich war es das Christkind! Einem andern Kind hätten wir das Peitschchen doch gar nicht gelassen."

„Welches war das Christkind?", fragte der Junge, der sich selbst noch nicht begriff. „Wenn ihr es gesehen habt, will ich es auch gesehen haben."

„Das auf dem Esel", sagten die beiden andern nun sehr bestimmt, da sie ihren Vorsprung fühlten. „Das auf dem Esel? Ja!", sagte der Knabe. „Wenn es nicht das Christkind gewesen wäre, hätte es ja auch das Peitschchen gar nicht nehmen dürfen."

„Besonders hätten wir aber doch einem andern Kind das Peitschchen gar nicht gelassen", sagte das zweite Mädchen wieder. „Und wir mussten es ihm doch lassen."

In diesen Worten fanden die Kinder eine vollkommene Sicherheit und alle drei waren so gewiss, das Christkind von Angesicht zu Angesicht gesehen zu haben, wie es gewiss war, dass sie die Kinder ihrer Mutter waren. Und dann kam ihnen immer wieder der wundersame Blick des schönen Knaben, der Gruß der hochgewachsenen Frau wie in einem verklärten Schein zurück und erfüllten sie mit einer geheimnisvollen Erregung.

Die Morgenglocken von St. Baafs erklangen feierlich über ihnen und der Weihnachtstag mit seinen Wundern zog herauf. Die Kinder hatten den Christusknaben gesehen, und wer es ihnen bestritten hätte, den hätten sie mitleidig ausgelacht.

Da kam die Mutter. „Mutter, wir haben das Chriskind gesehen", riefen sie alle drei. Aber es war ihnen gar nicht lieb, als ihre Mitteilung nicht recht verfing, die Mutter vielmehr nur belustigt schien und sagte: „So? Da habt ihr was Rechtes gesehen! Und was wünscht sich nun jedes zu Weihnachten?"

Dass das Christkind das Peitschchen genommen hat, sagen wir jetzt besser nicht, dachten die drei und antworteten lieber auf die Frage ihrer Mutter. „Ich wünsche mir einen Kreisel und ein Peitschchen", sagte die Älteste. „Ich auch", sagte die Jüngere. „Ich auch", sagte der Junge.

„Wenn es am Abend nicht verkauft ist", erwiderte die Mutter und betrat den Stand. Die Käufer drängten sich, der kurze Tag brach an, die Lampen wurden gelöscht, und auch für die Kinder verschwanden die Ereignisse des Morgens im Grau des Tageslichts und im Gesumme des geschäftigen Treibens auf dem großen Markt. Zudem begann die Qual der Erwartung sie zu bewegen und zu erfüllen, ob denn für jedes am Abend ein Kreisel und ein Peitschchen übrig sein werde. Und dies alles beschäftigte sie zu sehr, als dass sie an anderes hätten denken mögen. Jedes Mal, wenn ein Käufer herantrat und einen Kreisel oder ein Peitschchen verlangte, gab es in drei kleinen Herzen drei kleine Stiche, und wenn einer einen Kreisel mitsamt einem Peitschchen kaufte, waren die drei Stiche in den drei Herzen noch deutlicher fühlbar.

Aber ihre Qualen wurden immer größer und ihre Gesichter immer länger. Der hochgetürmte

Haufen von Kreiseln nahm reißend ab und das dicke Bündel Peitschen wurde schmächtig und schmächtiger. Noch einmal schüttete die Magd einen Sack Kreisel auf den Tisch, und noch ein Bündel Peitschen wurde an der Ecke der Bude aufgehangen. Dann war der Vorrat erschöpft. Die Kinder merkten gar nicht, dass auch die Puppen weniger wurden und die Trommeln und die Glasröhren mit den steigenden Männchen und die Spieldosen und die Bälle. Als der Tag vorüber war und die Stände überall geschlossen wurden, war in dem ihren alles ausverkauft. Nur drei Kreisel, die ganz allein aus der Fülle der Dinge übrig geblieben waren, lagen verlassen an der Stelle, wo der Haufen gewesen war. Aber kein Peitschchen mehr war da, sie anzutreiben, und so schienen sie völlig nutzlos und überflüssig.

Die Mutter überblickte ihren Stand, freute sich des flotten Geschäfts und guten Erlöses, den ihr der Tag gebracht, und hatte die Kinder ganz vergessen. Jetzt bemerkte sie sie wieder, wie sie traurig dasaßen und ihnen das Weinen nahe war.

„Nun! Was ist?", fragte sie. Aber das war schon wie ein Stoß. Die Kinder brachen in helle Tränen aus und schnelle Perlchen rollten unaufhaltsam über ihre Kittel.

„Nun haben wir kein einziges Peitschchen", jammerten sie durcheinander, „was sollen uns jetzt die Kreisel!" Die Mutter rückte zwischen sie, wusste aber noch keinen Trost.

„Und das letzte Peitschchen hat uns das Christkind auch noch weggenommen", klagte der Junge.

„Das Christkind?", fragte die Mutter.

In diesem Augenblick öffneten sich, langsam und weit, die Flügeltüren am Hauptportal von St. Baafs, was sonst nur bei den feierlichsten Gelegenheiten geschah, denn die Menschen gingen seitlich durch zwei kleine Pforten ein und aus. Die Flügeltüren öffneten sich, und heraus trat die überirdische Frau, die in der Frühe die Kinder so seltsam gegrüßt hatte.

„Das ist sie, die mit dem Christkind war!", flüsterten die Kinder und krochen eng an ihre Mutter heran. Und während alle vier kein Auge von der Gestalt verwenden konnten, schritt diese ruhig auf den leeren Verkaufsstand zu und der Weihnachtsschauer ging vor ihr her. Wieder, wie am Morgen, stockte den Kindern der Atem, wieder griffen sie nacheinander, als müssten sie sich an etwas festhalten, und in einer süßen Bedrängnis der Herzen ergaben sie sich, dass ihnen etwas widerführe, was ihnen nie wieder in ihrem Leben widerfahren würde. Die Frau aber trug das Peitschchen in der Hand, das Jesus in der Frühe aus dem Bündel an der Ecke der Bude herausgezogen hatte, reichte es mit einer unnachahmlichen Bewegung der Mutter hin und sprach: „Dies Peitschchen gehört wohl in diesen Stand." Darauf streifte sie die Mutter und Kinder mit ihrem Gruß, wendete sich und trat, wie sie gekommen, in die große Kirchentür zurück, deren Flügel sich hinter ihr schlossen.

Den Kindern war es eng und heiß und doch auch wieder weit und frei, und obzwar sie anfänglich etwas enttäuscht schienen wie über ein halbes Glück, ging ihnen doch bald der Sinn auf: dass sie nämlich nun gar kein Peitschchen hätten, weil es längst mit den andern verkauft worden wäre, wenn das Christkind ihnen nicht am Morgen dieses Tages eines weggenommen hätte. Da wurden ihre Augen hell und sie sahen einander an.

Die Mutter küsste ihre Kinder. Wie auf Verabredung ergriff jedes einen der drei Kreisel, alle drei fassten das Peitschchen an, als ob es ein langer Spieß gewesen wäre, und so trugen sie ihre Geschenke in einem glücklichen kleinen Triumphzug nach Hause.

Mit dem Peitschchen hatte es aber eine besondere Bewandtnis. Denn obgleich ein Peitschchen für drei Kreisel und drei Kinder reichlich wenig schien, so entstand doch nie ein Streit darum. Es wurde den Kindern wie zu einem Wahrzeichen, dass Menschen alles miteinander teilen können.

Seit jener Zeit geht in Flandern eine Redeweise. Wenn mehrere so recht miteinander einig sind, sagt man wohl von ihnen: Ach, die! Die haben ein Peitschchen miteinander.

Verzeichnis der Texte

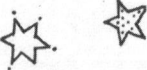

Wie die hellen Lichter scheinen ...
Gedichte zum Weihnachtsfest   37

Sie folgten einem goldenen Stern ...
Gedichte zur Geburt Jesu ...   97

Wie die weißen Flocken fliegen ...
Gedichte zur Winterszeit

Alle Jahre wieder ...
Weihnachtslieder

Es begab sich aber zu der Zeit ...
Weihnachtsgeschichten